집단상담기법을 활용한

軍 인성교육 프로그램 핸드북

집필진 소개

백현정
현 육군사관학교 리더십센터 상담관
– 전 안양시청소년지원센터 선임상담원
– 홍익대학교 교육학과 박사(상담심리 전공)
– 상담심리사 1급(한국상담심리학회)

김용주
현 육군사관학교 군사심리학과장
– 전 육군사관학교 리더십센터장
– 독일 기센대학교 심리학과 박사

최미례
현 육군사관학교 리더십센터 상담관
– 중앙대학교 심리학과 박사(임상심리 전공)
– 임상심리 전문가 1급(한국임상심리학회)
– 정신보건 임상심리사 1급(보건복지부)

감수자
고재원
현 육군사관학교 군사심리학과 교수
현 육군사관학교 리더십센터장
– 미국 콜로라도주립대 조직심리학 박사과정
– 미국 애리조나대 경영학 박사

軍 인성교육 프로그램 핸드북

초판인쇄일 | 2011년 1월 17일
초판발행일 | 2011년 1월 31일

지은이 | 백현정 · 최미례 · 김용주
펴낸곳 | 도서출판 황금알
펴낸이 | 金永馥

주간 | 김영탁
디자인실장 | 조경숙
편집 | 칼라박스
인쇄제작 | 칼라박스
주 소 | 110-510 서울시 종로구 동숭동 201-14 청기와빌라2차 104호
물류센타(직송 · 반품) | 100-272 서울시 중구 필동2가 124-6 1F
전 화 | 02) 2275-9171
팩 스 | 02) 2275-9172
이메일 | tibet21@hanmail.net
홈페이지 | http://goldegg21.com
출판등록 | 2003년 03월 26일 (제300-2003-230호)

값 15,000원

ISBN 978-89-91601-93-2-93180

집단상담기법을 활용한

軍 인성교육 프로그램 핸드북

백현정 · 최미례 · 김용주 지음

황금알

서 문

군 내 상담의 중요성과 필요성에 대한 관심이 높아지고 각 부대에는 집단상담이나 이를 활용한 군 인성교육이 점점 확대되어 가고 있는 추세이다. 부대에서 주로 실시하는 군 인성교육 프로그램은 군내 기관에서 개발하여 배포된 구조화된 프로그램이다. 구조화된 프로그램을 모든 장병들에게 동일하게 실시함으로써 오는 이점도 있겠지만 각 부대의 특수성이나 해당 장병들의 상황이 고려되지 않을 때에는 효과가 감소되기도 한다. 따라서 직접 장병들과 부대끼며 지휘하는 소대장이나 중대장은 해당 부대 장병들의 특징이나 상황을 고려한 맞춤형 집단상담이나 인성교육 프로그램의 필요성을 누구보다도 절실하게 느꼈을 것이다. 하지만 과중한 업무와 프로그램 구성이나 운영에 관한 전문지식이 없기에 자신이 프로그램을 구성하여 실시하기에는 어려움이 많았을 것으로 예상된다.

또한 간혹 외부 전문가에게 의뢰되기도 하는데 군에 대한 정보가 부족한 외부 전문가들은 군 장면에서 집단상담을 실시할 때 군의 특수한 상황이나 분위기를 잘 몰라 원활한 진행을 하는데 어려움을 겪었을 것으로 여겨진다. 그리고 많은 야전 부대에까지 전문가를 초빙하여 인성교육을 실시하는 데에는 여건이나 환경면에서 한계가 있다. 결국 군 인성교육을 소대장, 중대장이 주로 실시하고 이들이 집단상담 지도자로서의 역할을 하여야 하는데 이를 수행하기 위한 관련 자료나 지침서가 부족한 실정이다. 따라서 이들에게 군 상황에 직접 활용할 수 있는 집단상담 프로그램 모음집이 필요할 것으로 예상되어 이 책을 만들게 되었다.

이 책은 3부로 구성되어 있다. 제1부는 군 인성교육의 이해, 제2부는 군 인성교육 프로그램의 실제, 제3부는 군 인성교육의 활용으로 이루어져 있다. 제1부에서는 군 인성교육을 개관하고 군 인성교육 프로그램의 구성 및 실시를 위한 고려사항, 지도자의 역할 등을 기술하여 실제 군 인성교육 프로그램 구성 및 실시 전 준비 사항, 지도자의 전문적 기술들을 점검해 볼 수 있도록 하였다. 제2부에서는 활용 목적과 운영단계를 고려하여 8개 영역으로 나누고 각각에 해당되는 개별 프로그램들의 내용 및 기대효과, 준비물, 그리고 실시방법을 구체적으로 기술하였다. 지도자가 부대 상황이나 장병들의 특성 등을 고려하여 군 인성교육 프로그램을 재구성하거나 실제로 군 인성교육을 실시할 때 참고하도록 하였다. 제3부에서는 네 가지 주제의 군 인성교육 프로그램을 소개하였다. 이 프로그램들은 모두 2부에 기술된 개별 프로그램들로 구성되었다. 실제로 프로그램들이 군 장면에서 어떻게 활용될 수 있을지를 살펴보고, 군 인성교육 프로그램으로 적용해 볼 수 있는 예를 기술하였다.

마지막으로 이 책이 장병들에게 깊은 애정을 가지고 군 인성교육을 실시하는 초급장교들과 새로운 군 인성교육 프로그램을 모색하고 있는 지휘관, 군 상담을 공부하는 군 간부와 대학원생, 장병들의 군 적응을 위해 열심히 상담하고 있는 병영생활 전문 상담관, 군에서 요청한 인성교육 및 집단상담을 운영하려는 상담 전문가, 그리고 군 상담교육 담당자에게 유익한 자료로 사용되기를 바란다. 그리고 무엇보다도 이 프로그램 모음집이 군에서 많이 활용되어 국방의 의무를 다하고 있는 장병들이 군인으로서의 자신의 모습을 소중하고 자랑스럽게 생각하며, 보다 더 건강하고 희망찬 생활을 하는 데 도움이 되길 바란다. 또한 출판을 흔쾌히 떠맡아 준 황금알의 김영탁 대표께 고마움을 전한다.

2010년 7월 저자 일동

차 례

제1부 군 인성교육의 이해

1장 군 인성교육 소개

2장 군 인성교육 프로그램의 구성

제2부 군 인성교육 프로그램의 실제

1장 도입 프로그램

2장 자기이해와 타인이해 프로그램

3장 감정관리 프로그램

4장 관계개선 프로그램

5장 의사소통 향상 프로그램

6장 미래설계 프로그램

7장 협동 활동 프로그램

8장 종결 프로그램

제3부 군 인성교육 프로그램의 활용

1장 군 생활 적응 향상을 위한 프로그램

2장 소대원 관계 향상을 위한 프로그램

3장 활기찬 부대생활을 위한 프로그램

4장 전역 연계를 위한 프로그램

제1부

군 인성교육의 이해

1장

군 인성교육 소개

1. 군 인성교육의 정의와 목표

사람들은 흔히 인성이라는 용어를 사용할 때 '성격', '성품', '인격', '개성' 등의 용어와 혼동해서 쓰는 경향이 있고 영어로는 'character' 혹은 'personality'로 쓰인다. 문맥에 따라 다양하게 사용되고 있어서 인성의 정의를 한마디로 기술하는 것은 어렵다. 하지만 보통 인성이라고 할 때 크게 세 가지 의미를 담고 있다. 첫째,'인간으로서의 도덕성이나 윤리성'을 뜻하는 인격의 의미가 있고 둘째,'인간 개개인의 독특한 사고방식이나 행동방식'을 뜻하는 성격의 의미가 있으며 셋째,'인간의 본성'이라는 의미를 지니고 있다(김계현, 김창대, 2001). '인격'과 '성격' 그리고 '인간의 본성'은 다소 차이가 있지만 결국 인성이라고 할 때는 이러한 세 가지 의미를 모두 포함할 수 있으며 이러한 관점에서 인성교육이란 윤리적, 도덕적인 인격을 배양하는 교육뿐만 아니라 성숙되고 정신적으로 건강한 성격을 함양하기 위한 교육, 그리고 인간의 본성을 갖추도록 하는 교육이라고 정의할 수 있다.

군 인성교육은 군 조직에서 이루어지는 인성교육을 뜻한다. 따라서 앞서 설명한 인성교육의 의미를 담고 있으나 군 조직의 문화와 가치가 반영된다는 점이 일반적인 인성교육과는 차이가 있다. 김완일(2006)은 군 인성교육을 '장병들로 하여금 바람직한 가치관의 확립을 목표로 인간의 근본적인 성품의 중요성을 인식하고 건전한 정신적, 도덕적, 인격적 태도와 성격을 갖도록 하여 올바른 군인 상을 정립하고 행동으로 실천하게 하는 다면적이고 종합적인 교육체계'라고 정의하였다. 결국 군 인성교육의 목적은 올바른 가치관과 심성을 지닌 '참 군인'을 육성하는 것으로 인성교육을 통해 군 조직에의 적응을 돕고 군 조직이 추구하는 문화와 가치를 지향하는 인성을 갖추도록 하는 것이다. 따라서 군 인성교육이란 장병들의 군 적응을 돕고 효과적인 군 생활을 영위할 수 있도록 하기 위해 군인으로서의 바람직한 가치관과 행동양식을 습득하도록 하는 교육활동이라고 정의할 수 있다.

군 인성교육의 세부 프로그램의 구성에 따라 다소 상이하겠으나 일반적인 군 인성교육의 목표를 살펴보면 다음과 같다.

첫째, 군 조직의 일원임을 자각하도록 한다.

둘째, 자기 성찰을 통한 자기 이해의 폭을 넓히고 개발한다.

셋째, 다른 사람의 소중함을 깨닫고, 타인 이해를 증진시킨다.

넷째, 원만한 군내 대인관계를 형성하도록 한다.

다섯째, 공동체 의식 및 일체감을 함양하여 군 내 활동에 협동한다.

여섯째, 바람직한 군인적 가치관과 정체감을 형성한다.

일곱째, 학습한 내용을 실천하여 행동변화가 이루어지도록 한다.

여덟째, 군 내 역할과 임무수행을 극대화할 수 있게 한다.

2. 군 인성교육의 필요성 및 운영 현황

1) 군 인성교육의 필요성

군에서 인성교육이 필요한 이유는 군의 가장 중요한 무형자원인 장병들을 지휘하고 지도하는 것이 군의 가치와 목표를 달성하는데 있어서 핵심적인 부분이기 때문이다. 군의 주요 사고의 원인을 분석해보면 군 환경이라는 환경적인 요인도 있지만 개인의 성격 특성이나 대인관계 문제 등이 주요 원인으로 밝혀지고 있다. 대부분의 장병들은 20대 초반의 청년들로, 고등학교를 졸업하거나 대학생활을 1, 2년 마친 상태에서 군에 입대한다. 발달단계상으로 청소년기에 해당되는데 흔히 이 시기는 질풍노도의 시기라고 일컬어 질 정도로 불안정한 상태가 그 특징이라고 할 수 있으며 진로와 대인관계, 가치관, 정체감, 이성관계 등으로 많은 갈등을 겪고 있고 문제행동을 일으킬 가능성이 높다. 따라서 상당수가 군복무 적응에 어려움이 있을 수 있고, 무단이탈, 폭력행사, 총기 사고, 자살 등 악성사고의 가능성이 잠재되어 있다고 할 수 있다. 특히 요즘 군에 입대하는 신세대 청소년들은 고생과 고통 없이 과잉보호를 받고 자란 세대로 부모의 교육열이 높고 학교에서는 입시위주의 지식교육만을 받아 인성이나 전인 교육이 미흡한 상태이다. 또한 사회적으로 극심한 경쟁 속에서 성장한 세대로, 이들은 자기중심적이고 개인주의적이며 공동체 의식이 부족하다(장병인성교육 프로그램, 2004). 그리고 권위주의를 싫어하고 불합리한 것을 수용하기 어려워하며 실제 대인관계 기술이나 문제해결 능력도 부족한 편이라고 할 수 있다. 이러한 상태로 군에 들어와 군 생활을 하면서 여러 가지 문제 행동을 보이고, 사고를 일으킬 가능성이 더욱 높아지고 있다. 따라서 군내 사고를 예방하고 전투력을 보존하며 군의 무형전력을 극대화하기 위해서는 장병들의 인성교육이 절실히 요구된다고 할 수 있다.

인성교육의 효과는 자기성찰을 통해 자아의식이 계발되고 자기 자신이 변화하며, 상호작용을 통해 타인에 대해 이해하고 수용하게 되며 우리라는 공동체 의식과 일체감을 조성하고 더 나아가 사회나 조직 활동, 일에 대한 긍정적인 태도를 보유하게 하는 것이다(장병인성교육 프로그램, 2004). 실제로 군에서 많이 실시하고 있는 인성교육 프로그램 중 하나인 '비전캠프'는 자신의 내면적 모습을 통찰하고 타인을 이해하며 부정적인 인식의 원인을 확인하여 제거하는데 효과적이라고 한다. 또한 자신감을 회복하여 문제 해결력을 배양하고 변화가 일어나도록 유도하며 실천의지를 다짐하는 데에도 효과가 있다고 한다. '비전캠프'의 수료자들에게 복무 적응도를 조사한 결과 입소자 중 87.1%가 상태가 좋아진 것으로 나타났으며, 야전 부대의 지휘관들도 '비전캠프'가 자살 및 사고예방에 많은 도움이 되는 것으로 인정하고 있다(비전캠프 2007, 2007).

2) 운영 현황

군 인성교육은 1973년 정신전력에 대한 연구가 시작되면서 정신교육의 일환인 인격지도 시간에 주로 군의 성직자가 교관이 되어 단편적으로 실시되었고, 각급 부대

지휘관의 관심 정도에 따라 차이를 보이며 시행되었다. 본격적으로 군 인성교육의 필요성이 대두된 것은 1992년 국방정신교육원에서 '환경변화에 따른 군 정신교육 방향 정립'에 대한 세미나를 통해서이다. 이 세미나에서는 사회 환경 변화의 전환기를 맞아 신세대 장병들에 대한 의식구조와 가치체계를 분석하고, 군인다운 군인으로 육성함과 아울러 건전한 민주시민으로서의 자질을 갖출 수 있도록 하는 새로운 정신교육 방향이 제시되었다(육군보병학교, 2001). 이후 1993년에 국방정신교육원에서 군 인성교육 프로그램을 제작하였으며 1994년 말에는 '군 인성교육 교관 요원반'교육을 2차에 걸쳐 실시하였다. 또한 감수성 훈련을 도입하여 교육성과에 대한 실증연구를 통해 군 인성교육의 교육방법론을 토의하였으며, 이를 토대로 '효과적인 장병인성교육 지도서'와 '군 인성교육 자료집', '무엇을 생각하며 어떻게 살아가야 할 것인가?' 등의 책자를 발간하여 전군에 배포하였다(신상헌, 2003). 이를 통해 인성교육의 중요성이 더욱 확산되고 각 부대에서 실질적으로 인성교육을 실시하는 계기가 되었다. 국방부와 각 군의 1998년 정훈공보 활동지침에 따르면 장병들에 대한 반기 정신교육 중 1회는 인성교육을 실시하도록 명시되어 있고, 1주일간(5박 6일) 실시하도록 되어 있다. 이후 국방정신교육원이 해체되면서 육군에서는 육군 교육사령부, 해군에서는 충무공 수련원, 공군에서는 보라매 수련원 등이 인성교육 부서가 되어서 인성교육 프로그램을 개발하여 시행해 왔다. 그러던 중 육군의 경우 2005년에 육군 리더십센터가 설립되어 인성교육에 관한 업무를 총괄하고 있다.

육군은 인성교육 관련 교재로서 2001년에 육군 교육 사령부에서 제작된 '소부대 팀웍 개발 기법'을 시작으로 하여 2002년에 '육군 가치관 교육용 프로그램'과 2003년에 인성교육 병사용 프로그램인 '심성수련'이 발간되었다. 또한 2004년에는 '장병 인성교육 프로그램'이 발간되었다. 현재는 육군 리더십 센터에서 인성교육 업무를 담당하여 인성교육 프로그램을 육군의 양성교육 과정과 보수교육 과정에서 교육시키고, 교관을 대상으로 인성교육 이론 및 기법을 교육하고 있다. 야전부대에서는 발간된 책자들을 활용하여 간부들이 병사들을 대상으로 인성교육을 실시하고 있다. 부대사정이나 지휘관의 관심정도에 따라 다양하게 실시되고 있는데 보통은 집중인성교육이라는 명칭 하에 소대단위로 소대장이나 중대장이 교관이 되어 반기에 1회씩 2박 3일 동안 실시되고 있다.

군 인성교육 프로그램 중 가장 많이 알려져 있고 활발하게 활용되고 있는 프로그램은 '비전캠프'이다. '비전캠프'는 육군의 사고예방 노력의 일환으로 2003년에 육군본부 군종실에서 개발된 것으로, 집단상담 프로그램 모델과 장병에 대한 상담경험이 합쳐져 군의 현실에 맞게 구성된 프로그램이다.

3. 집단상담 기법을 활용한 군 인성교육

군 인성교육의 목표는 장병들에게 군인적 가치관과 행동양식을 습득시키는 데에 있으며 이러한 목표 달성을 위해 강의, 토론, 동영상 시청, 집단상담 등 다양한 교육방법을 활용하고 있다. 그런데 이들 중 군에서 가장 활발하게 활용되고 있는 교육 방법은 집단상담을 활용한 방법이다. 집단상담의 형태로 군 인성교육 프로그램이 개발된 것은 직접적인 강의와 일반적 토론과 같은 주입식 교육 및 지도방법보다 집단상담 방법이 군 인성교육의 방향에 적합하며 목표 달성에도 효과적이기 때문이다.

집단상담은 집단원들과의 상호작용 경험을 매우 강조한다. 집단원들과의 상호작용에 따른 집단역동을 경험하면서 대인관계 기술과 문제 해결 능력을 습득하게 되며 이를 통해 가치관 및 행동변화에 영향을 줄 수 있다. 특히 청소년시기에는 또래와의 관계나 또래의 가치관과 행동방식이 인지적 · 정서적 발달영역에 중대한 영향을 미친다. 따라서 청소년기에 비슷한 또래와의 상호작용을 강조하는 집단상담 활동은 청소년의 자기 이해를 돕고 바람직한 가치를 내면화하고 건전한 인성을 개발하는데 유용한 방법이 될 수 있다. 장병들은 대부분 청소년기에 해당되므로 군 인성교육에서 집단상담 기법을 활용하는 것이 군 인성교육 목표 달성에 효율적이라고 볼 수 있다. 특히 장병들의 경우 유사한 나이 또래의 동질적인 사람들로 구성되어 있기 때문에 공감대를 쉽게 형성하며 상호 신뢰를 통해 단기간에 응집성을 형성할 수 있다. 이러한 점들도 군 인성교육에서 집단상담의 방법을 사용하는 이유들이다.

일반적인 집단상담의 효과를 살펴보면 다음과 같다(김춘경, 정여주, 2001).

- 흥미 있고 재미있는 활동으로 인해 구성원의 호기심 및 내적 동기를 유발시킨다.
- 자기이해를 돕고 열린 대화를 하게하며, 다른 사람을 돕고 협동하며 자립심과 개인적 책임감을 개발시킴으로써 심리사회적 발달을 돕는다.

- 다른 사람의 의견이나 가치관에 인내심을 갖게 되고 삶의 복합성을 느끼고 공동체에 대해 생각해보게 하는 등 일련의 태도를 변화시킨다.
- 인간의 행동과 태도를 설명하고 이해하는데 있어 경험적, 역동적인 방법을 활용하기 때문에 청소년 참가자들의 가치관 발달에 도움을 준다.
- 참가자들의 인성개발을 촉진시킨다.
- 집단 활동을 통해 일상에서와 다른 의사소통과 행동을 시도해 볼 수 있다.
- 집단역동을 경험함으로써 사회, 조직 과정의 복잡성과 관련성을 보다 잘 이해할 수 있게 한다.
- 생활에서 발생하는 실제 문제와 장애를 다루고 해결할 수 있다.

그러나 한편으로는 군 조직이 위계적인 관계로 이루어져 있기 때문에 원활한 상호작용에 방해가 될 수 있다. 또한 군 인성교육에서는 군인적 가치관 형성을 목표로 하기 때문에 가치중립적인 일반적 집단상담과는 달리 가치지향적이라고 할 수 있는데 지도자가 집단상담 운영에 대한 충분한 지식 및 태도가 습득되지 않았을 때에는 군 인성교육에서 집단상담의 방법을 택한 묘미를 살리기 보다는 집단지도의 주입식 교육이 되기 쉽다는 단점이 있다. 또한 같은 부대의 장병들을 대상자로 선정하여 부대 건제단위의 한 집단이 일원으로 참여하게 했을 때, 장병들은 인성교육 실시 기간뿐만 아니라 앞으로 지속적으로 관계가 유지된다는 부담이 작용하여 집단에서 자신을 솔직하게 개방하는데 어려움을 겪게 될 가능성도 많다.

결국 집단상담기법을 활용한 군 인성교육에서는 집단을 이끄는 지도자의 역할이 매우 중요하다고 할 수 있다. 전문적인 집단상담 훈련을 받은 전문가가 지도자가 되면 이상적이겠으나 군 생활을 잘 모른다는 단점이 있고 또한 군에서 요구하는 만큼의 많은 전문 인력을 수급하는 데에도 무리가 따른다. 따라서 부대의 소대장이나 중대장 등의 군 지휘관들이 집단 지도자 역할을 주로 하게 된다. 이들은 장병들과 함께 생활하고 있어서 군 생활 및 장병들의 신상을 파악하는 데에도 용이할 뿐만 아니라 군에서 필요한 만큼의 용이한 수급이 가능하다는 장점이 있기 때문이다. 결론적으로 이들의 집단상담 운영 역량에 따라 집단상담기법을 활용한 군 인성교육의 성과는 매우 달라질 수 있다. 따라서 지도자의 역할을 하는 군 지휘관들은 집단상담자로서의 태도와 집단상담의 상호작용 및 집단역동의 중요성 등 집단상담 실제 운영과 관련된 지식 및 방법을 반드시 습득할 필요가 있다.

2장

군 인성교육 프로그램의 구성

군 상황에서의 인성교육 프로그램 개발과 관련된 과정과 절차들을 간략히 살펴보고 실제로 군 인성교육 프로그램의 실시를 위해 고려할 사항, 그리고 지도자의 역할을 살펴보려고 한다.

1. 목적에 맞는 프로그램 구성

프로그램이 개발되는 기본적인 원리와 프로그램 개발 시 고려해야 할 요인, 그리고 프로그램 개발을 위한 모형에 대해 살펴보려고 한다.

1) 프로그램 개발 원리

군 인성교육은 이미 군 기관에 의해 개발되어 배포된 프로그램을 사용하여 실시하는 것이 일반적이지만, 때로 장병들의 특성 및 상황에 따라 지도자가 특정한 목적을 가지고 프로그램을 개발하거나 재구성하여 사용하게 될 수도 있다. 예를 들어 특정 부대에서 전입신병의 적응을 돕기 위한 프로그램을 개발하거나 상하간의 의사소통에 문제가 있는 분대원들에게 의사소통 증진 프로그램을 개발하여 실시해야 할 소요가 발생할 수도 있다. 또한 이미 개발된 군인성교육 프로그램을 실시할 때 프로그램 개발과정에 대해 알고 있는 것이 프로그램을 효율적으로 실시하는데 유용하고, 실시한 프로그램의 평가와 추후에 프로그램을 점진적으로 보완하는데 큰 도움이 될 것이다. 이러한 경우를 위해 프로그램 개발과정을 간략히 살펴보는 것이 중요하다.

장병들은 청소년기에 해당되므로, 청소년 상담 프로그램이 개발되는 기본적인 원리를 기본으로 해서 군 인성교육 프로그램 개발의 원리를 살펴보도록 하겠다. 아래의 소개되는 내용은 이숙영(2001)이 청소년 지도의 원리와 상호작용놀이 중심의 집단상담이 가지는 학습원리, 그리고 청소년 집단상담의 교육적, 치료적 요인들을 참조로 정리한 내용을 바탕으로 하였다. 군 인성교육 프로그램을 개발하거나 재구성할 때도 이러한 원리들을 중요하게 고려할 필요가 있다.

- **실천 지향적 원리** : 프로그램은 이론과 연구결과를 바탕으로 개발되는 한편, 프로그램의 실행 결과로 인해 이론이나 연구결과가 보완되어지는 상호연관 속에 이루어짐으로써 실천을 중심으로 하는 것이어야 함을 의미한다.
- **참여자 중심의 원리** : 실시하는 기관이나 소속된 단체의 발전과 이익을 추구하는 활동에 초점을 두기 보다는 참여자 개인이나 집단의 심리적 성장과 발달에 초점을 두어야 한다는 것이다. 군 인성교육 프로그램에서도 군 조직뿐만 아니라 장병의 개인적인 성장이나 발달에 초점을 둘 필요가 있다.
- **동기유발과 유지의 원리** : 프로그램 참여자에게 의미와 만족을 주어 즐겁고 흥미롭게 참여할 수 있는 동기가 유발되고 유지될 때 학습효과가 증진된다. 특히 군 인성교육은 장병들의 자발적인 참여가 이루어지는 경우가 거의 없기 때문에 동기유발 자체가 군 인성교육 프로그램의 주요한 목표가 될 수 있다. 장병들의 내적 동기가 전제되지 않는 강제적, 일방적, 소극적 학습 형태로 진행될 경우, 교육 및 지도와의 차이를 나타내기가 어렵다.
- **다양성과 융통성의 원리** : 다양한 특성과 욕구를 중심으로 다양한 내용과 방법에 의해 실시되어야 한다. 군 인성교육 프로그램에서는 참여하는 장병들이 같은 부대인지, 그리고 연령, 계급, 문제영역 등에 따라 프로그램에 대한 욕구나 기대가 달라 질 수 있기 때문에 대상 집단의 특성과 요구를 정확히 파악하여야 한다.
- **상호학습의 원리** : 지도자의 일방적인 교육이 아니라 참여자 상호간의 의사소

통과 활동, 피드백을 통해 학습하는 상호적 학습을 기초로 한다. 따라서 지도자로부터 배우는 내용보다는 장병들 상호간에 배우고 느낄 수 있는 요소를 강조하여야 한다. 이를 위해 지도자가 일방적으로 결론을 내리기보다 구성원들이 각자의 생각이나 느낌을 이야기 하도록 유도하는 것이 중요하다.

- **경험중심과 활동중심의 원리** : 청소년기에 대당되는 장병들의 특성을 고려하여 대화에 한정하지 않고 토론, 역할놀이, 연극, 음악, 미술, 게임 등의 다양한 활동경험을 통한 체험학습이 강조되어야 한다. 군 장면에서는 팀웍 증진을 위한 야외활동, 게임 및 봉사활동을 포함하는 것도 좋은 방법이다. 그리고 토론이나 역할놀이, 그림으로 표현하는 미술이나 음악과 노래 등을 활용하여 활동하도록 유도하고 영화감상 후 토론하는 방법도 효과적일 수 있다.
- **실생활과의 연관성의 원리** : 프로그램에서 다루어지는 내용은 실제 생활과 연관되고 통합되어야 한다. 아무리 좋은 프로그램이라도 군 생활 및 현재 장병들의 처한 상황들이 반영되지 않으면 그 효과를 거두기가 어렵다.
- **행동변화의 원리** : 참여자의 심리사회적 발달과 학습을 촉진함으로써 참가자의 습관이나 태도, 사고방식 등의 행동이 변화되는 것을 목적으로 한다.
- **소집단 상호작용의 원리** : 개인이나 대집단 형태보다는 소집단의 상호작용과 역동의 원리를 활용하는 것이 효과적이다, 따라서 군 인성교육 프로그램에서는 소집단으로 구성하여 참여한 집단원들간의 상호작용에서 비롯되는 학습 원리를 활용하는 것이 바람직하다.
- **새로운 경험에 대한 개방** : 새로운 내용과 방법에 접해보고 새로운 사고나 행동을 시도하는 자유 또는 모험이 허용, 지지되는 분위기를 통해 태도변화와 사고확대의 기회가 되도록 한다. 군 인성교육 프로그램에서도 크게 군 조직의 질서와 위계가 벗어나지 않는 범위에서는 자유롭고 허용적인 분위기를 형성하는 것이 필요하다.
- **감정의 인식 및 표현** : 참여자들과의 상호작용을 통해 자신과 타인의 감정을 인식하고 이해하며 적절하게 표현함으로써 통찰과 감정해소 및 정화의 효과를 가져 오며 자신의 욕구나 바램, 문제에 대한 통찰과 새로운 태도를 형성하게 한다. 따라서 군 인성교육프로그램에서도 자신의 감정을 인식하고 솔직하게 표현할 수 있도록 구성하고 그러한 분위기를 마련해 주어야 한다.

- **피드백의 주고받음** : 상호 피드백의 과정을 통해 좀 더 객관적으로 자신을 바라보게 된다. 장병들 간의 상호 피드백이 활성화될 수 있도록 하여 자신의 행동의 특성이나 결과에 대해 조망하는 효과를 가져 올 수도 있다.
- **사고나 조망능력의 확대** : 또래 집단과의 의견이나 느낌, 정보 교환 등을 통해 참가자의 사고나 관점, 조망능력의 범위가 확대되고 새로운 생각이나 관점을 갖게 된다.
- **또래관계 속에서의 친밀감과 소속감** : 참여하는 또래 집단과의 친밀한 만남과 경험을 공유하면서 심리적 안정과 자아감의 확인, 유대감 형성의 효과를 가져온다.
- **사회적 기술의 학습** : 또래와의 활동을 통해 의사소통 기술, 자기주장, 감정표현, 협동능력, 역할분담, 갈등해결 등의 인간관계 능력과 기술을 학습하게 된다.
- **유사함 및 보편성의 발견** : 집단 활동을 통해 자신만의 어려움이 아니라는 사실을 발견하고, 객관적인 관점과 대처를 하게 된다.
- **모델 또는 관찰학습** : 동료 참여자들의 바람직한 행동을 관찰하거나 모방하는 학습과정을 경험한다.
- **낙관적 사고 또는 희망감** : 상호 관찰하고 피드백 하는 과정 속에서 자신과 환경, 미래에 대해 긍정적이고 희망적인 사고와 의지, 결단 등을 가지게 된다.
- **정보교환 및 습득** : 대화나 토론을 통해 교환되는 정보들은 개인의 과제나 문제해결에 도움이 되는 중요한 자원이 된다.

위와 같은 프로그램 구성 원리들을 이해하고 이를 충분히 고려하여 군 인성교육 프로그램을 개발하여야 할 것이다. 무엇보다도 군 인성교육의 경우 자발적으로 참여하기보다는 비자발적으로 참여하게 되는 경우가 많으므로 참여자의 동기를 유발할 수 있는 방법을 우선적으로 모색할 필요가 있다.

2) 프로그램 개발 시 고려해야 할 요인

군 인성교육 프로그램을 계획하고 설계하여 실행할 때 고려해야 할 몇 가지 요인들을 살펴보도록 하겠다.

(1) 프로그램의 방향

프로그램의 방향이란 프로그램을 개발하는 취지나 의미, 그리고 지향하고 목표하는 바에 대한 개발자의 기본 철학을 의미한다. 어떤 방향으로 할 것인가에 따라 전체적인 개발과정과 모델이 정립되고 그 모델에 따라 구체적인 개발 작업이 진행된다. 군 인성교육은 올바른 가치관과 심성을 지닌 '참 군인'을 육성하는 것으로 군 인성교육을 통해 군 조직에의 적응을 돕고 군 조직이 추구하는 문화와 가치를 지향하는 인성을 갖추도록 하는 것이다. 이를 기본으로 하여 구체적인 프로그램을 설계하도록 한다.

(2) 프로그램의 목적과 목표

프로그램의 철학을 구체화한 것이 프로그램의 목적과 목표이다. 교육목적은 보다 일반적이고 추상적인 개념인 반면에 교육목표는 목적을 달성하기 위한 활동에 직접적으로 관련된 구체적인 것으로서, 성과나 결과에 초점을 맞추어 목적을 구체적으로 기술한 것이다(김진화, 정지웅, 2000). 즉 교육목표는 일련의 교육활동에 참여한 결과로서 학습자들이 얻게 되는 변화된 지식, 지적 능력, 흥미, 태도 등의 특성을 표현한 것이다. 따라서 교육목표는 목적의 달성을 위해 계획되어야 할 학습범위를 명확하게 시사해주고 교육의 내용, 방법, 방향을 규정해 준다.

(3) 프로그램 모델

프로그램 모델은 프로그램을 개발하는 과정 중에 단계적으로 진행해 나가야 할 절차들을 명확하고 체계적으로 제시해주는 개념적 틀을 말한다(김진화, 정지웅, 2000). 이러한 프로그램 모델의 절차에 따라 원하는 프로그램을 구성하면 된다. 이 절에서는 기본적인 프로그램 모델을 제시하고 다음의 프로그램 개발을 위한 4단계 모형에서 구체적으로 설명하도록 하겠다.

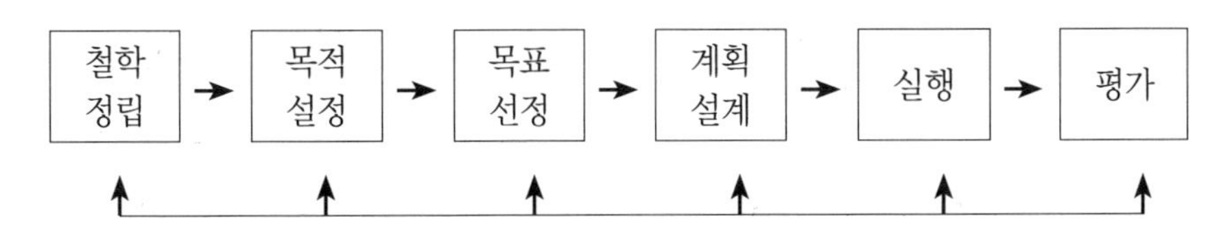

〈그림1〉 Oliva의 교육과정 모형(변창진, 1994, p.26)

우선 교육과정 개발의 기본적인 틀이라고 할 수 있는 Oliva의 모형을 살펴보면 〈그림1〉과 같다. 철학정립-목적설정-목표선정-계획/설계-실행-평가의 틀을 제시하고 있다.

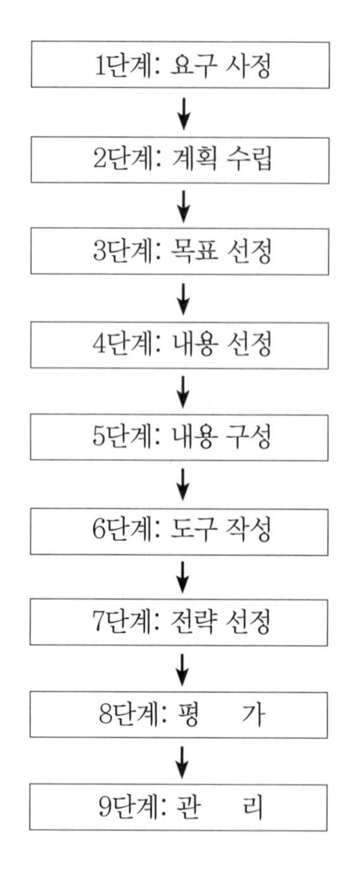

〈그림2〉 변창진의 프로그램 모형(변창진, 1994, p.24)

변창진은 이러한 모형을 근거로 하여 일반적인 교육과정이나 프로그램의 개발에 적용될 수 있는 9단계의 모형을 〈그림2〉와 같이 제시하였다. 요구 사정-〉 계획 수립-〉목표 선정-〉 내용 선정-〉 내용 구성-〉 도구 작성-〉 전략 선정-〉 평가-〉 관리의 단계이다. 각각의 단계는 순환적인 관계의 형태로 기능한다.

(4) 프로그램의 내용

프로그램에 어떤 내용을 포함시킬 것인가를 결정하기 위해서는 다음과 같은 준거들을 고려할 필요가 있다. 교육목표와의 일관성, 학습자의 필요충족, 지도 가능성의 검토, 일경험다목표 달성, 참신성, 변화 가능성 등이다(김진화, 정지웅, 2000).

먼저, 교육목표와의 일관성은 프로그램 내용이 프로그램이 목표하는 바에 따라 구성되어야 하며 목표와 내용간의 일치성이 있어야 함을 뜻한다. 장병들의 원만한 대인관계 향상을 위한 프로그램을 개발할 때 일차적으로 대인관계 기술을 향상시킬 수 있는 내용으로 구성되어야 함을 말한다.

두 번째 준거는 학습자의 필요충족으로 프로그램에서 교육되는 내용이 학습자의 발달요구나 기대, 문제 해결에 어느 정도 도움이 되는 것이어야 한다는 점이다. 신병들을 대상으로 하는 군 적응을 위한 프로그램의 경우 장병들의 군 적응을 도와 군 조직에 도움이 될 뿐만 아니라 장병들 자신의 성격특성의 이해 및 성장, 군내 인간관계 개선 및 생활에 도움을 줄 수 있는 내용으로 구성되어야 한다.

세 번째 준거는 지도 가능성으로 프로그램의 내용이 실제로 실시되는 여건을 고려할 때 대상 집단에게 실시가 가능한가에 대해 고려하는 것을 말한다.

네 번째 일경험다목표는 특정한 경험을 통해 여러 가지 목표를 달성할 수 있는 내용이어야 함을 의미한다. 예를 들어 의사소통게임 집단놀이 활동을 하더라도 그 놀이 활동을 통해 흥미와 재미를 유발하면서도 자신의 의사소통 방식을 되돌아 볼 수 있고 의사소통의 중요성의 의미를 되새겨 볼 수 있도록 하는 것을 말한다.

다섯째, 프로그램의 내용은 반복적인 내용이나 구성을 피하고 새로운 내용으로 구성되는 참신성을 가져야 한다. 군 인성교육의 경우 매년 1~2회 이상 실시되기 때문에 같은 내용의 프로그램에 똑같은 장병들이 참여할 수도 있다. 따라서 지도자는 참가하는 대상 장병들을 고려하여 중복되는 내용을 피하고 프로그램 내에서도 유사한 내용이 포함되지 않도록 신경 쓸 필요가 있다.

마지막으로 프로그램의 내용은 변화가 가능한 내용이어야 한다. 구조화된 프로그램이라 하더라도 참여하는 장병들의 실제 생활과 관련된 경험이나 사례들이 적용될 수 있도록 하여 현재의 관심사와 문제들을 적용할 수 있는 융통성이 필요하다는 것이다.

3) 프로그램 개발을 위한 4단계 모형

실제 군 인성교육 프로그램 개발에서 활용할 수 있도록 가장 보편적으로 사용되는 프로그램 개발의 4단계 모형을 살펴보고자 한다. 계획-설계-실행-평가의 4단계가 순환적인 환류의 형태로 상호작용한다. 〈그림3〉에 제시하였다.

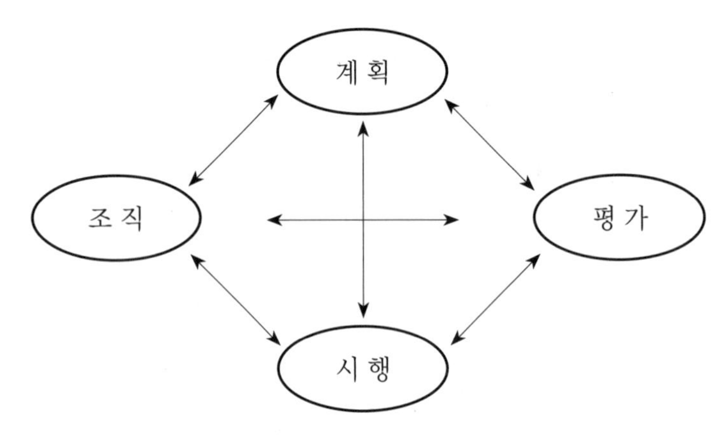

〈그림3〉 프로그램의 개발을 위한 4단계 모형(이숙영, 2001에서 재인용)

(1) 계획 단계

프로그램의 계획 단계는 프로그램을 개발하기 위한 준비단계로서 프로그램을 어떤 목적으로 어떻게 개발할 것인가에 대한 프로그램 개발에 대한 전체적인 개념적 틀과 방향을 설정하는 단계이다. 계획 단계의 활동에는 프로그램 목표의 수립, 모델의 설정, 대상 집단에 대한 요구분석, 계획안 작성 등이 포함된다.

프로그램의 목표는 주목표와 하위목표, 궁극적 목표와 직접적 목표, 과정목표와 결과목표로 세분화되고 인지적 · 정의적 · 행동적 목표로 구분되기도 한다.

요구분석은 프로그램의 대상이 되는 집단의 요구와 바램, 필요를 파악하는 것으로 조사대상 집단에게 설문지를 통해 그들의 문제나 바램, 필요한 도움의 유형 등을 파악하는 것을 의미한다. 요구분석을 위해 많이 사용되는 방법은 설문조사, 면접법, 관찰법이 사용되고 전문가 집단에게 의견을 묻는 경우도 있다.

이후에는 프로그램에 대한 방향과 대상 집단에 요구분석을 기초로 프로그램의 총

괄적인 계획안을 작성하게 되는데, 계획안은 개발하려는 프로그램의 필요성, 목표 및 목표달성에 필요한 활동과 방법, 절차, 예산, 제반 여건, 평가 계획, 추진 방향 등을 종합적으로 제시하는 청사진의 기능을 한다.

(2) 조직 단계

프로그램의 조직은 설계, 구성과 같은 의미로 계획안을 토대로 프로그램 내용을 선정하고 조직하는 활동으로서 프로그램 개발의 성격을 가장 많이 나타내는 단계이다. 활동에 대한 조직과 순차적인 진행방법, 운영방안, 프로그램의 효과를 측정할 수 있는 평가방법까지 체계적으로 구체화하는 단계이다. 실제로 이 단계에서는 프로그램에 활용되는 교재나 워크북을 제작하는 일이 가장 중요한 활동이라고 할 수 있다. 프로그램이 효과적이려면 선정된 내용과 방법이 대상의 특성, 실시 시기, 환경 특성, 우선 순위, 목표와의 관련성 등에 따라 적절하게 조직되어야 한다. 그리고 프로그램 내용의 위계성과 상호관련성을 고려하고 반복성을 생각하여 다양한 프로그램 내용들이 의미있게 통합되도록 구성해야 한다.

(3) 실행 단계

실행 단계는 이전 단계에서 조직된 프로그램을 실제로 실행하고 운영하는 단계이다. 이 단계에서는 제작된 프로그램을 효과적으로 실시하고 운영할 수 있는 프로그램 지도자의 전문적 능력과 운영체제가 중요한 요인이 된다. 실행 단계에서는 프로그램 실시를 위한 사전 준비와 자료를 확보하고 참여자에게 미리 사전 구조화를 하며 프로그램 평가를 위한 준비를 하고 프로그램을 실행 할 때 발생 가능한 문제에 대비하여 효과적인 대처방안을 마련하거나 관련 기관과의 네트워크를 구축한다. 그 이후 직접 프로그램을 실시하게 되는데, 실시 단계는 프로그램의 목적을 달성하는 중심 활동과정으로 프로그램 지도자의 전문적 역량과 운영기술이 매우 중요하다. 프로그램 실시 초기단계에서 프로그램에 대한 흥미와 동기를 유발하고 진지하게 참여하도록 유도하며 참가자간 상호작용이 활발하도록 조력하고, 예상치 않은 문제가 발생할 때에도 효과적으로 대응하는 것이 필요하다.

(4) 평가 단계

평가 단계는 계획된 것과 같이 프로그램이 실행되고 성과를 이루었는지를 전체적으로 검토하고 평가하는 단계이다. 평가에는 프로그램 효과에 대한 평가와 프로그램 자체에 대한 평가로 나뉜다. 프로그램 효과 평가는 참가자들이 프로그램을 통해 의도한 바람직한 기술습득이나 행동변화를 가져왔는지를 조사하는 것이다. 프로그램 자체에 대한 평가는 프로그램 전반적인 내용과 전략, 지도자, 운영 및 실시 여건에 대한 장점과 문제점 등을 파악하여 후속 프로그램을 개발하거나 보완할 때 반영하려는 것이다.

일반적으로 평가활동은 평가도구 개발, 자료수집, 자료처리 및 분석, 평가보고서 작성 및 보고의 단계를 거치게 된다. 평가될 내용은 프로그램에서 다룬 내용, 각 주제별로 참가자의 지식이나 기술습득, 이해 및 태도변화 등을 포함하고, 프로그램 계획 수행 및 운영의 효율성을 평가하는 항목으로 계획의 원만한 수행, 프로그램 진행시의 학습자의 참여, 학습자의 욕구충족, 흥미유발, 프로그램의 목표달성이 포함된다. 그리고 시설과 비품의 준비 및 활용을 평가하는 항목에는 교육장소의 적절성/편의성, 시설 및 설비의 효율적 활용, 시설의 융통성과 다양성, 교재와 교구의 준비성이 포함된다. 이 외에 지도자의 전문적 자질과 참여자 선발의 합리성에 관한 항목이 있다.

2. 실시를 위한 고려사항

1) 집단의 크기 및 구성

집단의 크기는 집단원들의 연령, 집단지도자의 경험정도, 집단의 형태, 프로그램 내용 등에 따라서 달라질 수 있다. 청소년 집단의 경우는 6~8명이 적당하고, 일반적으로 8명 정도가 가장 이상적이라고 알려지고 있으며 집단원간에 충분한 상호작용의 기회를 제공해줄 수 있는 정도가 적절하다. 보통 최소 5명~15명 정도가 한 집단으로 구성되는데, 너무 크면 개개인의 참여가 제한되고 지도자도 각 구성원에게 적절한 주의를 기울이지 못하게 된다.

군 인성교육의 경우 군 부대특성상 건제단위를 유지하는 것이 적절하며, 보통 8~10명이 1개 분대로 구성되고 3개 분대가 합해져 1개 소대가 되므로 1개 분대 혹은 1개 소대를 단위로 집단원을 구성하는 것이 바람직하다. 군 부대에서는 대부분 1개 소대 단위로 군 인성교육이 이루어지고 있다. 이때에는 인원이 많아 상호작용이 제한될 수 있으므로 구성원이 대략 10명 이상이 될 경우에는 5명 정도씩 소집단을 구성하여 소집단별로 집단작업을 많이 하도록 유도하고 소집단별로 이야기한 것을 전체에서 발표하는 식으로 하면 개개인의 활동을 활발하게 유도할 수 있다. 본 책자의 프로그램들도 1개 소대 단위의 인원이 한 집단 구성원으로 편성되는 것을 전제로 하였으며, 프로그램의 성격에 따라 분대별 혹은 소집단으로 구성하여 진행하고 다시 전체 집단원이 모여서 종합하는 형태를 취하고 있다.

집단의 구성원이 동질적인가 이질적인가 하는 것은 집단의 목표에 의해 결정된다. 신병이나 전입병, 혹은 인터넷 중독을 보이거나 분대원들과 어울리지 못하는 병사들로만 구성하면 동질적이 되는 것이고, 군 인성교육 희망자 등으로 구성하면 이질적이 되는 것이다. 같은 소대의 인원을 대상으로 할 때는 같은 소대라는 점에서는 동질집단이라고 할 수 있으나, 계급이나 연령 등이 다양하므로 이질적인 집단구성으로 볼 수도 있다. 일반적으로 어떤 욕구나 목표를 가진 특정집단의 경우에는 동질적인 사람들로 집단을 구성하는 것이 좋다. 동질적인 어려움을 가진 사람들이 서로 공감할 수 있고 결속력도 더 잘 생길 수 있다. 그 이외에는 이질적인 사람들로 집단을 구성하는 것이 바람직한데, 이는 사회 현실적인 구조를 반영하고 다양한 사람들로부터 주어지는 피드백을 통해 새로운 행동을 실험하거나 대인관계 기술을 개발할 수 있게 한다. 군부대에서는 군 생활 경험에 따라 인성교육의 목표를 달리 할 수 있기 때문에 신임병을 모아 군 생활적응력 향상을 위한 프로그램을 실시하거나 병장들로 집단구성원을 선정하여 전역이후의 생활과 군 생활이 연계될 수 있는 진로설계 프로그램을 진행할 수도 있겠다.

집단을 개방집단으로 할 것인가 폐쇄집단으로 할 것인가는 여러 변인에 의해 좌우된다. 개방집단은 집단상담 실시과정 중에 집단원들이 계속해서 들어오고 나갈 수 있는 집단을 말하고, 폐쇄집단은 한번 집단원으로 구성이 되면 중도 탈락되지 않는 이상 처음 구성된 집단원으로만 마지막까지 진행하는 것을 말한다. 개방집단은 너무 많은 사람들이 한꺼번에 나가는 경우 집단의 결속력이 약해질 수 있으므로 어떤 규칙을 가지고 집단에서 나가고 들어오도록 하는 것이 좋다. 개방집단의 장점은 계속 하여 다른 집단원들이 들어옴으로써 집단원들을 자극시키고 새로운 경험을 할 수 있게 한다. 그러나 개방집단의 경우도 가급적 타당한 이유 없이 일정기간동안 빠지지 않고 참여하도록 권고하는 것이 바람직하다. 군 부대에서는 인성교육 기간 동안 교육에 전념할 수 있도록 여건을 보장하여 폐쇄 집단으로 운영되는 것이 바람직하다.

2) 실시 빈도와 기간

집단원의 기능 상태나 상황을 고려하여 실시 빈도와 기간 및 회당 시간 등을 조정할 수 있다. 일반적인 집단상담에서는 대학생이나 성인의 경우 매주 1회씩 회당 2시간이 적합하고, 총 기간은 10주에서 15주 동안 운영된다. 이 정도의 기간이 신뢰감을 형성하고 행동적인 변화를 일으키기에 충분하고 지루할 만큼 길지는 않은 기간이다.

군 인성교육의 경우 1회당 90분에서 120분이 적절하다. 대체로 한 내용의 프로그램을 실시하는데 이 정도의 시간이 확보되어야 구성원들 간의 활발한 상호작용을 이끌어내고 상호 피드백을 충분히 할 수 있다. 단회 프로그램은 지양하고 5회 내지 10회 정도의 프로그램으로 구성하는 것이 좋겠다. 일반적으로 학교나 정상인을 대상으로 한 경우 주 1회 프로그램이 많이 이루어지고 있으나 군에서는 주 단위로 집단상담을 하기 어렵기 때문에 일회적으로 하루나 1박 2일 혹은 2박 3일 정도의 마라톤 집단으로 운영되는 경우가 많다. 그 중에서 2박 3일 프로그램이 집단원들의 상호작용이나 개인성찰에서 가장 좋은 성과를 가져오므로 부대 여건이 가능하다면 가장 권장되는 기간이다. 부대여건이나 집단지도자가 외부에서 오는 경우 도착과 출발시간을 고려하여 시간을 정하는 것이 필요하다. 일반적으로 최대한 가용시간은 오전 4시간, 오후 4시간, 야간 2시간이나 부대의 특성이나 환경적인 여건에 맞게 시간을 조정해야 한다.

3) 실시 장소

군 인성교육 실시 장소는 가급적 다른 사람들의 방해를 받지 않고 조용하며 환기나 냉난방을 고려하여 쾌적하고 차분한 분위기가 적절하다. 부대 내에서 군 인성교육을 실시할 수 있는 장소는 생활관, 교회, 강당, 강의장, 회의실, 면회실, 공부방 등이다. 특히 유의할 사항은 장소선정이 집단상담의 효과에 큰 영향을 줄 수 있으므로 사전에 준비하는 것이 중요하다.

우선 외부자극에 방해 받지 않고, 상호작용을 할 수 있는 비교적 조용하고 독립된 공간을 선택하도록 한다. 즉, 집단 내에서의 활동이나 이야기가 옆방에는 들리지 않는 공간을 선택하여 집단원들로 하여금 자신의 활동내용이 외부에 노출되지 않으며 집단외부의 인원에게 비밀이 보장된다는 느낌을 갖게 하여 군 인성교육 활동에 집중할 수 있도록 하는 것이 중요하다.

둘째, 집단원들이 둥글게 원형으로 앉는 배열이 좋은데 방석이 마련된 한실이나 의자에 앉는 양실 모두 가능하다. 가끔 미술 활동 등 작업이 많은 활동들로 프로그램이 구성되었을 때는 가운데 탁자를 배치하는 것도 좋다. 프로그램 활동내용에 맞게 자유롭게 탁자를 사이에 두었다가 뺄 수도 있다. 중요한 것은 참여자들이 서로를 바라보고 상호작용을 할 수 있도록 배치하여야 한다는 점이다. 그리고 가급적 인성교육 실시 이전에 미리 배치하여 참가자들을 위한 공간이고 미리 준비되어 있다는 느낌을 갖게 하는 것이 좋다.

3. 지도자의 역할

어떤 교육이든지 교육이 효과적으로 실시되려면 교육자의 역할이 매우 중요하다. 특히 집단상담 지도자는 집단상담의 성패에 아주 큰 영향을 미치는 존재라고 할 수 있다. 군부대에서 집단상담 기법을 활용한 인성교육을 실시하는 지도자는 단순히 교관역할이 아니라 집단상담 지도자의 역량을 갖출 필요가 있다. 특히 비구조화된 집단상담에서는 집단 지도자의 역량이 집단상담의 효과를 좌우하는 결정적인 역할을 한다고 할 수 있는데, 집단에서 지도자의 능력은 집단과정을 촉진시키는 수단이 되기 때문이다. 한편, 군에서는 특정 주제를 가지고 이미 프로그램이 마련된 구조화된 집단상담 형식을 많이 실시하고 있는데, 이는 집단 지도자가 미리 준비된 교안을 가지고 운영함으로써 비교적 표준적인 운영을 할 수 있게 되어 있다. 이때 지도자는 집단 활동의 목표와 전달하고자 하는 경험과 기대효과 등을 정확히 알고 진행하여야 한다. 프로그램 내용이나 운영 면에서 전문적인 지식을 가지고 효과적으로 운영할 수 있는 방안을 연구하고 고안해야 한다. 또한 유연성과 방향성을 가지고 집단의 발달단계와 전개과정을 인식하고 있어야 한다. 그리고 흐름에 맞는 적절한 상담기술과 기법을 구사하고 적용하여 구성원간의 상호작용이 활발하게 이루어지도록 유도해야 한다. 군에서는 대부분 소대장이나 중대장, 간혹 분대장이 집단 지도자의 역할을 주로 하게 되는데, 이때 가급적이면 전문적인 집단 지도자로부터 교육을 받고 집단 지도자의 역할을 수행하는 것이 가장 바람직하다. 그러나 여건이 어려울 경우에는 집단 지도자 역할을 할 사람들이 미리 모여 진행방법을 연습하고 서로 피드백해주는 시간을 충분히 가지는 것이 도움이 된다.

집단상담 기법을 활용한 군 인성교육 지도자는 집단을 지도할 수 있는 전문적인 능력을 갖추고 훈련을 받아야 하며 인간적인 면에서도 좋은 성품을 갖추어야 함은 물론 전문적인 상담기술들을 갖추고 이를 적절히 활용해야 할 것이다. 여기에서는 집단 지도자의 주 임무를 살펴보고 집단지도자가 지녀야 할 태도와 구체적인 운영 기술들을 살펴보겠다.

1) 집단 계획 및 사전 준비

지도자는 우선적으로 집단상담 및 군 인성교육 프로그램을 구성하여 프로그램 계획서를 작성한다. 다음으로는 참여 가능한 장병들과 그 지휘관에게 홍보를 통해 집단상담 및 군 인성교육의 목적을 알리고 집단에 참여할 집단원을 모집한다. 또한 군 인성교육을 성공적으로 시작하기 위한 실제적이고 세부적인 사항을 조직한다. 필요할 경우 사전면담을 하여 집단의 목적을 알리고 기본적인 규칙에 대해 오리엔테이션을 하여 집단원들을 준비시킨다. 집단 지도자는 집단에 참여하고자 하는 사람을 사전에 개별적으로 면담하는 기회를 가지는 것이 좋다. 이러한 기회를 통해 집단원들이 집단 활동에 대해 자세히 알 수 있고, 자발적인 동기를 가질 수 있으며 집단 지도자에 대한 믿음을 가질 수 있다. 그리고 지도자도 집단상담에 적절한 집단원을 선별하는 작업을 할 수 있다.

군 인성교육에서는 특별한 목적을 두지 않는 이상 소대인원이나 분대인원이 모두 참여하기 때문에 소대장들로부터 특정 인원의 성격이나 행동 특징을 파악해 둘 필요가 있다. 하지만 그러한 부분이 집단원에 대한 지도자의 선입견으로 작용되지 않도록 주의해야 한다. 그리고 군 상황에서 개별적인 접촉이 어렵거나 불가능한 경우가 아니라면 어떤 경우이든지 지도자가 집단원으로 구성될 장병들을 개인적으로 접촉하는 것이 가장 좋은 방법으로 생각된다. 이러한 사전 준비 작업이 집단원들의 동기를 불러일으키고 집단상담의 효과를 높이는데 중요하다.

2) 기본적인 규칙 수립

집단 지도자는 집단과정을 촉진하는데 도움이 되는 몇 가지 절차를 정하게 된다. 집단 지도자는 다음과 같은 사항을 준수해야 한다(김명권 등 역, 2001).

- 비밀유지 중요성과 그것의 제한점은 무엇인지를 명확하게 정의하여 집단원을 보호한다.
- 물리적인 위협, 두려움, 강요, 과도한 동료들의 압박으로부터 집단원의 권리를 보호한다.
- 집단에 참여함으로써 발생할 수 있는 위험부담과 생활의 변화에 대해 탐색하도록 돕는다.
- 집단원으로부터 참여에 대한 동의를 받고 확인하는 절차를 갖는다.
- 지도자가 집단원에게서 어떤 모습을 기대하는지 이야기해준다.
- 집단에서 활용하는 기법이나 활동에 대해 집단원에게 알려준다.

이러한 사항들에 대해 집단지도자는 군 인성교육을 준비하는 단계에서 충분히 고려하고, 집단원들에게 알려 줄 사항들을 미리 정리하여 가급적이면 첫 회에 이러한 내용들을 집단원에게 공지한다. 이외에도 첫 회에서 집단원들과 집단의 규칙에 대해 논의되어야 할 사항은 시간준수, 교육 도중의 음식 섭취나 흡연, 집단원에게 부여된 권리와 책임 등이다.

3) 집단원 선별과 집단 구성

집단에 대한 홍보와 집단원 모집이 완료되면 실제로 집단을 구성할 집단원을 선별하는 절차를 따르게 된다. 선별의 목적은 집단에 적합한 사람을 선정하고 집단과정에 부정적인 영향을 줄 수 있거나 집단경험으로부터 잠재적으로 피해를 입을 수 있는 사람들을 배제시키는 것이다. 대체로 적합하지 않은 사람은 정신적으로 심한 문제가 있는 사람이거나 성격적으로 심한 문제가 있는 사람 혹은 심하게 방어적이거나 심리적으로 취약한 사람 등일 수 있다. 집단참여가 거부된 신청자에게는 이를 적절하게 알려주고 집단상담 이외의 개인상담 등을 제안할 필요가 있다.

일반적인 성인대상 집단상담의 경우 대부분 자원자 위주로 진행되며, 본인이 직접 집단에 자원하는 것이 동기유발에 가장 좋다고 알려져 있다. 따라서 본인의 자발적인 의사에 의해 집단원 선발이 이루어지는 것이 바람직하다. 그러나 학교나 군 조직의 경우 대부분 선택사항이 아니라 요구사항인 경우가 많다. 특히 부대 내 전 장병들을 대상으로 하는 군 인성교육에서는 본인이 원하지 않더라도 집단 활동에 참가하도록 요구되기 때문에 동기유발에 어려움이 따르는 경우가 많다. 이런 경우 집단상담에 대해 자세하게 소개를 해주고 집단참여에 대한 동의서를 받는 것이 좋다. 자발적인 참여는 아니지만 집단상담에 대한 소개를 받고 본인이 참여하겠다는 동의서를 작성하는 것으로도 자신이 스스로 선택하고 개입하였다는 느낌을 어느 정도 갖게 할 수 있다. 또한 집단상담시 적극적으로 참여해 줄 것을 당부하는 것도 필요하다. 자기개방을 많이 하고 적극적으로 참여함으로써 자기를 좀 더 이해하고 타인으로부터 많은 피드백을 받을 수 있음을 강조한다.

4) 집단 지도자의 태도

집단 지도자는 집단을 효율적으로 이끌어 나가는데 필요한 전문적인 상담기술을 구비해야 한다. 집단의 흐름에 맞추어 전문적인 상담기술들을 섬세하고 시기적절하게 구사하여 참여자들에게 긍정적인 도움을 줄 수 있어야 한다. 이런 기술들을 사용하는 역량은 실제 집단상담 경험, 집단상담 운영에 대한 지도감독을 받은 경험, 집단 지도자의 자신감과 같은 성격 특성과 관련되어 있다. 사실 전문적인 상담 교육을 받은 사람들도 집단상담의 운영을 위한 세부적인 기술을 자유자재로 구사하기까지는 많은 노력이 소요된다. 하물며 소대장이나 중대장이 집단 지도자로서의 역할을 하게 될 때에는 군내 특수성으로 인해 집단상담 기술을 제대로 발휘하기가 여간 힘든 일이 아닐 수 없다. 즉, 위계적으로 조직된 군 사회에서 상급자인 지휘관이 집단상담 지도자로서의 역할을 하게 될 때에는 지휘관으로서 위엄있고 엄격한 모습을 보여야 하는 평상시의 모습과 달리 집단상담 지도자로서 온화하고 수용적이며 허용적인 모습을 보이기가 본인 스스로도 어색하고 부자연스럽게 느껴질 것으로 생각 된다. 하지만 집단상담의 핵심적 요소인 솔직한 자기개방을 할 수 있는 편안한 분위기가 형성되지 않는다면, 아무리 좋은 프로그램을 짜임새 있게 구성했더라도 프로그램의 효과를 거두기가 힘들다.

따라서 집단 지도자는 집단상담 및 인성교육 과정 중에는 지휘관으로서의 면모보다는 철저히 집단 지도자로서의 역할에 충실해지려고 노력해야 한다. 가급적 집단상담을 실시하기 이전에 10분에서 30분 정도의 혼자만의 시간을 가지며 잠시 자신의 마음상태를 자각해보고, 집단 지도자로서의 역할 및 태도를 되뇌어 보기를 권한다. 집단 지도자로서의 태도는 여러 가지가 있겠으나 로저스(C. rogers, 1961)의 상담관계 형성을 위한 기본 조건 즉, 접촉, 일치, 긍정적 존중, 공감, 수용을 대표적으로 정리하였다.

(1) 접촉

집단의 각 구성원은 지도자와의 어떤 인간적인 접촉을 느껴야 한다. 집단원의 입장에서 볼 때 지도자가 '나에게 관심을 가지고 있으며, 도움이 되는 사람'이라는 느낌을 갖게 하는 것이다. 지도자가 접촉하는 방법에는 수백만 가지가 있다. 그리고 집단원들은 지도자의 반응에 매우 민감하다는 것을 알 필요가 있다. 지도자의 얼굴표정이나 언어적인 표현이 집단원들 각자에게는 여러 가지 의미로 다가갈 수 있다. 예를 들어 어떤 집단원 A가 이야기를 하고 있을 때, 지도자가 다른 집단원을 쳐다본다면 A는 자신에 대해 관심이 없다고 생각할 수도 있다. 접촉한다는 것은 지도자의 언어적 비언어적인 행동을 모두 포함하며 "나는 너를 알아."라는 의미이다. 집단에 들어오기 이전에 집단원들과의 일대일 만남일 수도 있고 집단 활동을 하는 동안 특별한 역할을 하도록 집단원을 선택하는 것일 수도 있다. 집단 활동에서 집단원들의 감정이나 신념과 정확하게 만나는 것을 의미한다.

(2) 일치

일치란 자신이 누구인지 스스로 말하는 그대로여야 함을 뜻한다. 집단 지도자가 집단 활동에서 자신은 모든 것을 이해할 수 있다고 하면서 솔직한 자기개방을 하도록 유도해 놓고, 집단원들이 표현한 이후에 그것을 평가하고 비판한다면 집단원들은 집단 지도자를 믿지 못할 것이다. 또한 모든 사람은 군내 계급과 무관하게 평등하다고 하면서 상황에 따라 군내의 계급을 내세우며 권위적인 태도를 보인다면 지도자에 대한 신뢰가 무너질 것이다. 그리고 지도자가 심한 분노를 느끼면서도 그렇지 않은 척 노력해도 집단원들은 모두 알 것이다. 집단 지도자는 신이 아니다. 지도자 자신이 한 인간임을 수용하여 집단 지도자로서의 태도를 갖추려고 노력하지만 노력해도 잘 되지 않는 부분에 대해서는 상황에 따라 솔직하게 집단원들에게 드러낼 필요가 있다. 오히려 집단 지도자가 집단원들에게 자신의 불일치하는 모습을 솔직하게 드러내어 지도자로서의 '일치'의 모습을 보이고 신뢰를 회복하는 것이 집단의 효과를 높이는 데 더 바람직하다.

(3) 긍정적 존중

집단원들을 있는 그대로 긍정적으로 존중하는 것은 집단상담 과정에서 반드시 필요한 부분이다. 있는 그대로 존중해 준다는 것은 집단원들이 하는 말이나 행동을 그대로 존중한다는 의미는 아니다. 한 인간 존재로서의 존중을 뜻한다. 이를 위해서는 집단 지도자의 부단한 노력이 필요하다. 즉 장병들이 보이는 행동이나 태도에 즉각적인 감정적 반응을 보이기보다는 그 행동이나 태도에 담긴 의미와 긍정적인 측면을 의식적으로 보려고 하고 이를 생활에서 훈련해야 한다. 예를 들면 "이 집단원이 시비를 거는 것이 아니라 그동안 상처받은 것이 많았다.", "이 집단원은 자기를 사랑해주는 사람이 없었기 때문에 자기를 스스로 챙기며 사랑해 주어야 한다.", "이 집단원은 두려움이 많지만 오히려 두려움이 없는 척 하고 있다.", "이 집단원이 보이는 행동은 누군가로부터 영향을 받았기 때문에 그대로 하려고 하고 있다." 등등 집단원들의 보이는 말이나 행동의 의미를 되새겨 보고 긍정적인 측면을 보려는 노력을 통해 긍정적 존중의 태도를 익힐 수 있을 것이다.

(4) 공감

접촉이 "나는 너를 알아"라는 의미라면, 공감은 "나는 너를 이해해"라는 의미이다. 공감은 상대방이 느낀 감정을 그 사람의 입장에서 그대로 느끼는 것이다. 지도자가 자신을 공감해 준다는 느낌은 프로그램에 적극적으로 참여하게 하고 변화하고자 하는 동기를 일으킨다. 장병들이 자신들의 감정 상태를 알아차리고 그 감정이 무엇인지 제대로 표현하는 것은 결코 쉬운 일이 아니다. 그러므로 지도자는 집단원들이 자신의 감정을 이해하도록 도와주어야 한다. 그러기 위해서는 집단 지도자가 집단원들의 감정을 그대로 알아차리고 그 감정에 대해서 느낀 후 집단원들에게 가급적 언어적인 표현을 해주는 것이 필요하다. 예를 들면 정상병은 오래 사귄 애인이 새로운 남자 친구가 생겨 헤어지자는 통보를 받은 후에도 계속해서 애인에게 전화를 하고 그 전처럼 대하고 있다고 말한다면 "정상병은 여자 친구에게 다른 남자 친구가 생겼다는 사실을 인정하고 싶지 않은 모양이네. 오래 사귄 여자 친구에게 화가 나고 배신감이 들지만 그것을 표현하면 완전히 헤어지고 너무 슬퍼질까 봐 그렇게 하지 못하나봐."라고 말해 줄 수 있다. 그러고 이러한 표현이 집단원의 심정을 표현하는데 틀리지 않았다면 정상병은 "그래 그거였어!"라고 깨닫게 되어 자신을 이해한다, 또한 집단 지도자도 역시 자신을 이해하고 있다는 것을 알게 된다.

(5) 수용

어떤 집단 지도자는 이 세상에서 가장 마음이 따뜻하고 가장 동정적이며 공감적인 집단 지도자 일지 모르지만 집단원들이 그것을 느끼지 못하다면 별로 중요하지 않은 것이 된다. 즉 집단원들이 각자 집단 지도자의 접촉, 일치, 긍정적 존중, 그리고 공감을 보이고 있음을 깨닫고 느낄 수 있어야 한다. 이런 집단 지도자의 자질과 능력을 표현하는 방법은 집단을 이끄는 개인들마다 다를 것이다. 집단 지도자가 집단원에 대하여 진심으로 깊은 애정을 가지고 대할 때 집단원들은 지도자의 그러한 부분에 부응하기 위해서라도 더 자신에게 동기부여를 할 것이다.

5) 집단상담의 기술

집단 지도자는 앞에서 살펴본 집단 지도자의 기본적인 태도를 갖추어 편안한 분위기를 조성하는 것과 함께 집단원들끼리 활발하게 상호작용하도록 지도하는 것이 매우 중요하다. 이를 위해 집단 지도자는 전문적인 상담기술을 학습하고 적절히 활용해야 한다. 전문적인 상담기술에는 개인상담을 실시할 때에 필요한 상담기술은 물론 집단상담시에 필요한 상담기술들이 포함된다. 집단작업은 지도자가 개인상담보다도 집단을 효율적으로 이끌어 나가기 위한 더욱 다양한 상담기술과 유연성과 개방성, 용기와 활력, 상황을 다루는 임기응변력, 집단 활성화 능력, 유머감각과 창조성 등이 요구된다. 다음은 집단 지도자가 습득해야 할 전문적인 상담기술들을 살펴보려고 한다.

(1) 구조화

구조화란 집단상담의 효과를 높이기 위해 지도자가 시작단계에서 집단원들에게 집단상담의 목적과 목표, 집단 지도자 및 집단원들의 역할과 제한점, 집단상담의 규칙 등을 소개하고 알리는 활동이다. 집단상담의 개략적인 내용이나 과정 등을 소개하고, 집단원들의 바람직한 태도나 행동 그리고 집단원들이 적극적으로 참여하도록 유도하고 활발하게 피드백하도록 당부하는 것도 중요하다.

그리고 비밀보장의 중요성을 언급하고 집단에서 이야기한 개인적인 내용에 대해 다른 사람에게 이야기하지 않도록 유의시키며, 만약 이야기를 하더라도 당사자에 대한 이야기보다는 자신의 생각이나 느낌 위주로 이야기를 하는 것이 좋다고 말한다. 또한 비밀보장의 한계에 대해서도 설명하고 구타나 자살, 타살, 학대의 내용들은 비밀보장이 어렵다는 것과 본인 스스로가 자신이 고백한 이야기 때문에 이후에 심한 괴로움을 겪을 가능성이 있는 내용은 이야기하지 않도록 알려주는 것도 필요하다. 그리고 계급사회이기 때문에 집단에서 하급자가 한 이야기를 상급자가 거론할 수 있는 바, 집단이 끝나고 실제 생활에서는 집단에서 한 이야기를 문제 삼아 다시 이야기하지 않도록 유의시킨다.

(2) 적극적 경청

적극적 경청이란 타인이 말하는 내용을 이해하는 것은 물론 몸짓이나 행동, 음성이나 표현의 미묘한 변화, 말하는 내용 이면의 메시지를 이해하는 것을 포함한다. 말하는 사람에게 주의를 기울여서 언어적인 표현은 물론 비언어적인 표현도 듣는 기술을 말한다. 지도자는 적극적 경청을 통해 집단원이 말하는 것과 전달하는 것 사이의 일치나 불일치를 민감하게 알아차릴 수 있고, 때로는 이러한 불일치를 언급하고 작업함으로써 집단원의 문제에 직면시킬 수도 있다. 예를 들어 한 집단원이 말하는 내용은 물론 이면의 메시지와 행동 및 태도가 어떤 의미인지를 잘 들어주는 것이 집단원으로 하여금 자기 생각을 자유롭게 표현하게 한다.

(3) 반영하기

지도자가 집단원이 전달하는 내용의 핵심적인 것을 전하는 능력을 말한다. 집단상담이 현재 이루어지고 있는 상태나 이면의 감정 상태나 갈등을 있는 그대로 집단원들에게 전달하기도 한다. 이를 통해 집단원들을 자극시키고 좀 더 의미 있는 활동을 하도록 격려한다. 집단원이 전달한 것 혹은 집단의 현재 상태를 기술하는 단순한 반영보다는 집단원들이 스스로에 대해 더 깊이 탐색할 수 있도록 반영하는 것이 바람직하다. 집단원이 표현한 내용 중 핵심적인 내용 혹은 핵심 감정을 포착하여 적절히 부연해줌으로써 집단원은 자신에 대해 명확하게 알게 되고 이해받고 있다고 느끼게 되며 더 깊은 수준의 자기 탐색을 할 수 있게 된다. 주요 감정뿐만 아니라 집단원의 행동이나 태도 등도 반영해주는 것이 필요하다.

(4) 명료화

집단원이 말한 혼란스럽고 갈등을 일으키는 문제들을 핵심을 파악하여 간략하게 이야기해 줌으로써 좀 더 명확하게 해주는 것이다. 집단원의 말 중에서 모호한 점이나 실제 감정, 암시되었거나 내포된 관계 또는 의미를 지도자가 보다 분명하게 말해주는 것이다. 명료화의 자료는 집단원이 미처 자각하지 못하는 의미 및 관계이다. 이를 통해 집단원이 자신의 상태나 감정, 갈등, 문제 등을 좀 더 명확하게 이해하고 깊이 탐색할 수 있도록 돕는다.

(5) 요약하기

집단과정이 어려움에 처하거나 분열되면 현재까지의 과정을 요약하는 것이 도움이 된다. 집단과정을 지도자가 요약하거나 집단원에게 요약해 보라고 할 수 있다. 집단과정이 어디로 진행되고 있으며 현재 어디에 있는지를 파악하는 것이 집단작업에 매우 도움이 된다. 집단원들로 하여금 집단과정을 요약하게 함으로써 지금까지의 과정을 뒤돌아보고 각자 자신이 이 과정에 기여한 바를 생각해보게 하는 것이 앞으로의 집단과정에 큰 도움을 준다. 요약에 근거하여 대안이나 새로운 방향을 생각하게 하고 새로운 행동을 시도할 수 있게 된다.

(6) 촉진시키기

집단 지도자는 집단원들이 자신의 두려움과 기대를 솔직하게 표현하도록 도와주고, 서로를 신뢰하여 생산적으로 작업하도록 분위기를 마련하며, 집단원들이 상호작용에 활발하게 참여하도록 지지해 줌으로써 집단과정을 촉진시킬 수 있다. 지도자는 집단의 진행과정을 지속적으로 관찰하고 집단원들이 자유롭게 이야기하고 활발하게 참여할 수 있는 분위기를 조성하고 활발한 상호작용을 격려한다.

(7) 해석하기

집단원의 특정 행동이나 증상에 대해 가능한 설명을 제시하는 것으로 집단원의 행동에 대한 새로운 참조체계를 제공한다. 지도자의 해석이 정확하고 시의적절하다면 많은 도움을 줄 수 있다. 그러나 집단원이 아직 해석을 받아들일 준비가 안 되었을 경우 도움이 되지 못할 가능성도 있다. 따라서 자신의 행동에 대해 집단원이 스스로 해석하도록 유도하는 것도 바람직한 방법일 수 있다.

(8) 질문하기

집단원에게 시기적절하게 질문하는 것은 경험을 강화시키고 그 순간에 대한 자각을 높이는데 도움을 준다. 질문을 하는 방법에 있어서 '왜'라는 질문보다는 '무엇을', '어떻게' 등의 질문이 바람직하다. 질문을 통해 집단원이 더 많이 자신의 생각과 감정, 행동을 탐색하게 된다. 질문하는 방법은 집단원이 더 많은 자유를 가지고 응답할 수 있는 개방적 질문이 간단한 사실만을 요구하는 폐쇄적 질문보다는 더 바람직하다. 질문은 간단하게 하고 한 번에 한 가지씩 하는 것이 좋으며 질문한 것에 대한 대답을 주의 깊게 들어야 한다.

(9) 연결 짓기

역동적인 상호작용을 위해 사람들을 연결하여 상호작용을 촉진한다. 즉 한 사람이 행동하거나 말한 것을 다른 사람과 연결시키는 것이다, 지도자는 한 사람이 이야기하는 것이 집단 내 다른 사람에게 적용될 수 있는가에 민감해야 하고 통찰력을 필요로 한다. 연결은 집단원들간의 상호작용과 응집력을 높이는데 매우 효과적인 방법이다. 예를 들어 한 집단원이 한 이야기와 이전에 다른 집단원이 한 이야기가 유사할 때 다른 집단원에게 자신이 한 이야기와 유사한 이야기를 들으니 어떻게 생각하고 느끼는지 질문하면서 집단원들을 연결시키고 문제를 공통적으로 다루게 한다.

(10) 직면시키기

집단원의 언어적 메시지와 비언어적 메시지가 일치하지 않을 때, 행동 간의 괴리가 있을 때 혹은 집단을 방해하는 행동을 많이 할 때 등의 경우 지도자가 집단원에게 불일치한 점이나 특정 행동을 언급해주는 것이다. 집단원을 직면시킬 때는 그에게 꼬리표를 달지 않고 문제가 되는 행동을 구체적으로 말하고, 그런 행동에 대해 지도자가 어떻게 느끼는지를 이야기해 준다. 비판하거나 공격하려는 의도가 없이 집단원이 자신의 행동에 대해 더 많은 탐색을 하도록 돕기 위해 직면을 사용하는 것이 좋다.

(11) 지지하기

지지하기란 지도자가 집단원을 지지하는 말과 행동을 하는 것으로, 언제 지지하기가 치료적이고 언제 비생산적인지를 적절히 알고 개입하는 것이 중요하다. 중요한 감정을 충분히 경험하기 이전에 섣부른 지지를 보이게 되면 집단원의 경험을 방해하게 된다. 약한 집단원을 너무 많이 지지하게 되면 그의 의존성을 조장하게 될 수 있다.

(12) 저지하기

집단 지도자는 묻고, 탐색하고 험담하고 장황하게 말을 늘어놓거나 다른 사람의 사생활을 침범하고 신뢰를 깨뜨리는 행동 등과 같은 집단에서 바람직하지 못한 행동들을 저지해야 하는 책임을 가진다. 가해자의 인격을 침해하지 않으면서 비생산적인 행동을 저지하는 것이 중요하며 이는 감수성과 솔직함을 필요로 한다. 다음에 몇가지 예를 제시 하였다.

- 다른 사람에게 질문을 많이 하는 행동 : 다른 사람에 관한 것보다 당사자의 이야기를 많이 해보도록 요구할 수 있다.

- 장황하게 말을 늘어놓기 : 다른 사람의 이야기를 좀 더 많이 들을 수 있는 기회를 가졌으면 좋겠다는 이야기를 한다.
- 사생활 침해 : 잡단원간에 개인적인 비밀이나 사생활을 침해할 수 있는 질문을 한다면 지도자는 이런 행동을 저지해야 한다.
- 신뢰를 깨는 행동 : 집단원이 부주의하게 신뢰를 깨는 행동이나 말을 할 경우 지도자는 이런 행동을 저지해야 한다.

(13) 모범을 보이기

집단원들에게 바람직한 행동을 가르치는 가장 좋은 방법은 집단 지도자가 모범을 보이는 것이다. 집단 지도자가 개방성, 감수성, 솔직성, 존중 및 열정을 중요하게 생각한다면 이런 가치와 일치하는 태도와 행동을 보여야 한다. 지도자가 직접 모범을 보일 수 있는 행동으로는 다양성에 대한 존중, 적절한 자기노출, 바람직한 방식으로 피드백하기, 비방어적으로 피드백받기, 집단과정에의 참여, 집단원과 함께 있기, 직접적이고 애정어린 방식으로 다른 사람들을 자극하기 등이 있다.

(14) 제안하기

지도자는 집단원의 사고와 행동에 대한 대안적 방식을 개발하도록 돕기 위해 다양한 제안을 할 수 있다. 제안은 정보를 주거나 숙제를 하게 하거나 실험을 하게 하거나 새로운 관점에서 상황을 보도록 하는 것 등을 포함한다. 제안은 집단원들을 변화하도록 촉진할 수 있으며, 집단원이 스스로 결정하여 변화하도록 제안을 하는 것이 효과적이다. 예를 들어 대인관계에 어려움이 있는 집단원에게 실제 생활에서 만나는 사람에게 먼저 인사하기, 자기표현 하기 등의 숙제를 하게 함으로써 행동변화를 도모할 수 있다.

(15) 평가하기

지도자가 집단의 진행과정과 집단의 역동을 평가하는 것이다. 집단상담 과정 중 혹은 종료 후에 집단 활동에서 혹은 집단원간에 일어났던 것을 평가하고 다음 시간에는 어떻게 개입할 것인지를 생각하는 것이 필요하다. 집단에서 일어난 변화는 무엇인지, 집단 내의 치료적 혹은 반치료적 요소는 무엇인지를 파악하고 앞으로 이를 어떻게 할 것인지를 평가하는 것은 유용하다. 한편, 집단원들에게 집단과정을 평가해보게 하고 각자 자신의 행동을 검토하게 하여 앞으로 집단원들이 어떻게 행동하고 나아가야 할지를 결정하고 집단과정에 책임을 느끼게 하는 것도 좋은 방법이다.

(16) 종결짓기

집단 지도자는 집단작업을 언제 어떻게 종결하는지를 알아야 한다. 대체로 마지막 1~2회 정도에 집단원들이 집단에서 얻은 학습결과를 잘 정리하고 이를 실천하겠다는 의지와 희망을 가지며 집단상담에 대한 긍정적 시각을 가지고 떠나도록 돕는 것이 중요하다. 집단상담이 언제 종결하는지를 집단원들에게 미리 알려주고 개인이 집단을 떠나는 것에 준비를 하도록 해야 한다. 종결단계에서 지도자가 생산적으로 이끌기 위하여 해야 할 일은 이별 감정의 취급, 집단경험의 개관과 요약, 집단원의 성장 및 변화 평가, 미해결 과제의 취급, 학습결과의 적용문제, 피드백 주고받기, 작별인사, 지속적 성장 또는 문제 해결을 위한 계획, 추수집단 모임의 결정, 마침을 위한 파티문제 등 다양하다(김형태, 2007).

특히 집단원들로 하여금 집단상담 경험을 개관하고 요약하게 하는 것이 큰 의미가 있으며 구체적으로 자신이 경험한 성장과 변화에 대해서도 평가해 보도록 하는 것이 필요하다. 그리고 집단상담 환경과 그들이 돌아가야 하는 실제 생활과의 차이가 있음을 알리고 집단에서 배운 것들을 실제 환경에 어떻게 적용할 수 있는지와 집단원들이 계속하여 변화를 위해 노력할 수 있도록 자극시키는 것이 중요하다. 지속적인 변화를 위해 때로는 참여한 집단원들끼리 연락하면서 서로를 도와주고 지지하는 관계를 형성하도록 하는 것도 좋은 방법이다. 또한 추후 모임이나 추가 집단상담에 대해 알려주고 개인적인 질문이나 자문에 응하는 것도 필요하다.

참고문헌

김명권, 김창대, 박애선, 전종국, 천성문 역(2001). 『집단상담: 과정과 실제』. 서울: 시그마프레스.
김완일(2006). 『군상담의 이론과 실제』. 서울: 학지사.
김진화, 정지웅(2000). 『사회교육프로그램의 이론과 실제』. 서울: 교육과학사.
김춘경, 정여주(2000). 『상호작용놀이를 통한 집단상담』. 서울: 학지사.
김춘경, 최웅용 역(2005). 『집단상담 기법』. 서울: 시그마프레스.
김형태(2005). 『집단상담 프로그램』. 서울: 글누리.
변창진(1994). 『프로그램개발』. 서울: 홍익사.
신상헌(2003). 『정보화 사회에서의 인성교육 방향』. 공군사관학교 제 1회 인성교육 심포지엄 논문집.
육군보병학교(2001). 『21세기가 요구하는 장교와 부사관의 관계』.
육군본부(2007). 『비전캠프 2007』. 서울: 뉴컴.
이은경, 이지연 역(2005). 『집단상담의 실제: 진행과 도전』. 서울: 시그마프레스.
이숙영, 김광수, 임은미, 이창호(2001). 『청소년 상담 프로그램 개발론』. 서울: 신일문화사.
차명호, 김용수, 문영주, 서성민, 음정자, 장사경, 정현숙, 최백만(2009). 『군 집단상담: 이론과 실제』. 서울: 은혜출판사.
천성문, 김남희, 김정남, 박미선, 박원모, 배정우, 조정선, 한미경(2004). 『집단상담 프로그램』. 서울: 학지사.

제2부

군 인성교육 프로그램의 실제

2부에서는 군 인성교육에 활용할 수 있는 개별 프로그램들을 소개하였다. 활용 목적과 운영 단계를 고려하여 8개 영역으로 나누어 제시하였다. 8개 영역은 다음과 같다. 첫째 도입 프로그램, 둘째 자기이해 및 타인이해 프로그램, 셋째 감정관리 프로그램, 넷째 관계개선 프로그램, 다섯째, 의사소통 향상 프로그램, 여섯째, 미래설계 프로그램, 일곱째, 협동활동 프로그램, 마지막으로 종결 프로그램이다.

이렇게 구분하여 제시한 이유는 우선 군 인성교육의 프로그램을 개발하거나 구성할 때 활용 목적 및 주요 내용에 따라 적합한 프로그램을 쉽게 선별하여 사용할 수 있도록 하기 위함이다. 그리고 각 영역에 다양한 개별 프로그램들을 함께 고려해 봄으로써 실제 운영사항(시간 및 장소, 집단원 특성)을 고려하여 대치 프로그램을 쉽게 활용할 수 있도록 하기 위한 것이다.

각 영역의 목표와 중점 사항을 기술하였고, 각 영역에 해당되는 6개~10개의 개별 프로그램들을 소개하였다. 해당 프로그램의 내용 및 기대효과, 준비물, 그리고 진행방법, 적용, 유의점 등을 구체적으로 기술하였다. 모든 프로그램은 야전군의 현실적인 여건을 고려할 때 소대 단위 인원이 한 집단원으로 구성될 가능성이 높으므로 소대원이 한 집단원으로 구성된다고 가정하여 진행방법을 소개하였다. 활동 목적 및 효과 등을 고려하여 소집단 구성이 필요한 경우 진행방법에 이를 설명하였다.

1장

도입 프로그램

■ 목표

긴장감을 해소하고 자유롭고 편안한 분위기를 조성하여 집단 구성원간 상호 친밀감을 느낄 수 있도록 하며 서서히 자기 개방을 시도할 수 있도록 한다. 프로그램의 전체 목표와 참여방법 등을 알게 하여 프로그램에 대한 흥미를 유발하고 참여의식을 고취한다.

■ 중점사항

- 긴장감 해소 및 편안한 분위기 조성
- 인성교육의 진행 및 참여 방법 학습
- 흥미유발 및 참여의식 고취
- 상호 친밀감 형성 및 응집력 향상

■ 프로그램

1. 별칭지어 소개하기
2. 자기소개
3. 집단규칙
4. 걸림돌 없애기
5. 친밀감 형성을 돕는 게임 활동 : 난처하네요
6. 친밀감 형성을 돕는 게임 활동 : 침몰하는 배
7. 친밀감 형성을 돕는 게임 활동 : 빨리 해결하세요
8. 서로에게 관심을
9. 물어봐 대답할게
10. 상대방이 되어봅시다

1. 별칭지어 소개하기

■ 활동내용

별칭을 지어 명찰에 써서 달고, 별칭을 지은 이유 등을 소개하도록 한다. 인성교육 간에는 보통 별칭을 짓고 별칭을 부르도록 한다. 왜냐하면 현재 자신의 생각과 감정을 반영하여 별칭을 짓는 자체가 과거에 굳어진 모습이나 이미지가 아니라 새로운 마음으로 인성교육에 참여하게 하고, 변화의 계기를 마련하는 밑거름이 되기 때문이다.

■ 기대효과

- 인성교육 내에서의 활동이 외부에서의 활동과 다름을 인식시킬 수 있다.
- 인성교육에 대한 적극적인 참여 동기를 유발한다.
- 서서히 자기개방을 할 수 있도록 한다.

■ 준비물

비닐명찰, 명찰용 종이, 매직펜, 크레파스

■ 진행과정

① 비닐 명찰과 명찰용 종이, 필기구 등을 나누어 주고 설명을 한다.

"지금부터 자신의 별칭을 지어 봅시다. 여러분들은 이미 익숙하고 좋은 이름이 있지만 그 이름들을 여러분이 지은 사람은 없을 것입니다. 인성교육 프로그램은 처음부터 끝까지 여러분들의 자발적인 참여가 요구됩니다. 따라서 여기서 불리는 별칭 즉 새롭게 여러분들이 불리고 싶은 새 '이름'을 지어보도록 합니다. 평소 남에게 불리고 싶었던 것, 좋아하는 사물, 자연 이름, 자신의 대표적 특성 등 집단 모임에서 불리어졌으면 하는 것으로 지으면 되겠습니다. 그런 다음 다른 사람들이 명찰에 적힌 별칭을 잘 볼 수 있게 크고 분명하게 명찰에 별칭을 적어서 가슴에 달도록 합니다."

② 다음과 같은 내용들을 보충하여 설명하도록 한다.

- 되도록 긍정적이고 미래지향적인 의미를 담도록 한다.
- 너무 길게 짓거나 발음하기 어려운 별칭을 지으면 호명하기 어렵다.
  예) 레오나르도 디카프리오님 (예는 다소 재미있게 들어주는 것이 좋다)
- 별칭이 기록된 이름표는 인성교육이 완전히 종료될 때까지 가슴에 부착하며, 호명 할 때 이름대신 별칭을 사용한다는 점을 주지시킨다.

③ 모든 소대원들이 모여서 돌아가면서 각자 자기 별칭과 별칭의 뜻, 별칭에 얽힌 사연 등을 소개하도록 한다.

■ 적용

- 인성교육의 주제에 따라 별칭의 의미를 달리 할 수도 있다. 예를 들어 '소대원 관계 향상을 위한 프로그램'이라면 "주위의 장병들에게 어떤 전우가 되고 싶은지"에 대해서, '군 생활 적응향상을 위한 프로그램'이라면 "장차 되고 싶은 군인의 이미지"로 별칭을 지어보게 한다.
- 별칭 짓기를 여러 번 했다면 둘씩 짝을 지어 소개를 하라고 한 후, 전체 집단원 앞에서는 짝이 자신인 것처럼 소개하라고 할 수도 있다.

■ 유의점

- 별칭을 짓는데 너무 오랜 시간이 걸리지 않도록 한다. 그리고 별칭을 지어주거나 암시하거나 써주는 등의 행동은 삼가고 자기 스스로 지어보도록 한다.
- 별칭 소개는 참여하는 인원이 많더라도, 모든 참가 인원들이 함께 모여 소개하도록 한다.

별칭의 예

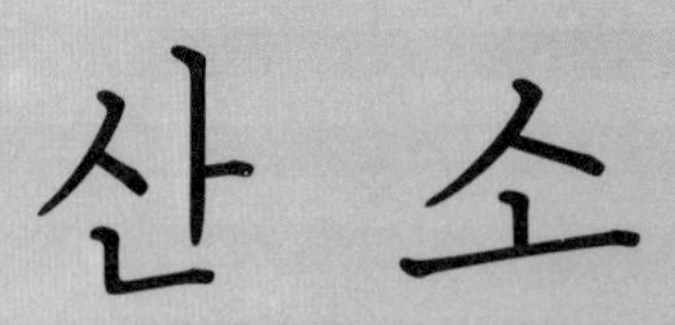

⊙ 별칭을 지은 이유

- 눈에 보이지는 않지만 산소처럼 꼭 필요한 존재가 되고 싶다.

개성인

⊙ 별칭을 지은 이유

- 다른 사람들은 고유의 특기가 있고 그런 것 같다. 나도 앞으로는 특기를 개발하여 나만의 개성을 찾고 싶다.

2. 자기소개

■ 활동내용

자기소개 항목들에 대해 기록해 보도록 한 후, 자기소개를 하는 활동이다. 말솜씨 등이 서로 다르고 소개하는 내용도 모두 다르기 때문에 일정한 양식을 제시해서 소개하게 함으로써 자기개방을 수월하게 할 수 있다.

■ 기대효과

- 자기 자신에 대해 생각해볼 수 있다.
- 자연스럽게 자기개방을 할 수 있도록 한다.

■ 준비물

자기소개 항목 활동지, 필기구

■ 진행과정

① 프로그램에 대해 설명을 한다.

"자신을 다른 전우들에게 소개하는 시간입니다. 우선 자기소개 항목들을 간단하게 기록한 후 소개하도록 하겠습니다."

② 소대원들이 모두 모여서 돌아가면서 각자 자기를 소개해 보도록 한다.

■ 적용

- 일정한 소개항목 없이 자유롭게 자기를 소개해 보도록 한다.
- 둘씩 짝을 지어 서로를 소개하라고 한 후, 전체 집단원 앞에서는 상대 짝이 자신인 것처럼 소개하라고 할 수도 있다. 상대 짝의 소개내용을 잘 듣고 마치 상대방이 자신인 것처럼 소개해야 하므로 경청훈련이 되고 상대 짝에게 더 관심을 가지게 한다.

■ **유의점**

- 기록하는 시간보다는 발표하는 시간을 더 많이 준다.
- 발표자에게 모두 집중하고 경청할 수 있도록 한다. 인성교육 초기의 활동에서는 경청의 자세 등을 강조하여 서서히 학습해 나갈 수 있도록 하는 것이 좋다.
- 참가 소대원들의 친숙도에 따라 자기소개 항목들의 수준을 조절한다.

자기소개 항목

⊙ 나이, 고향, 자란 곳

⊙ 취미와 특기

⊙ 군 생활 간 꼭 해보고 싶은 일

⊙ 가장 아끼는 물건

⊙ 가장 소중한 사람

⊙ 휴가 때 꼭 해보고 싶은 일과 이유

⊙ 나만의 군 생활 스트레스 해소법

⊙ 나의 자랑거리

3. 집단 규칙

■ 활동내용

인성교육에 참여하면서 집단 내에서 지켜야 할 규칙을 함께 읽어보고 이에 대해 서약하도록 한다. 인성교육 간에도 암묵적으로 지켜야 할 규칙이 있다는 것을 알려줌으로써 인성교육의 참여방법과 태도를 학습할 수 있다.

■ 기대효과

- 인성교육간 지켜야 할 규칙을 알 수 있다.
- 인성교육의 참여방식 및 태도를 이해한다.
- 적극적인 참여 동기를 고취시킨다.

■ 준비물

집단규칙 기록지, 필기구 등

■ 진행과정

① 프로그램에 대해 설명 한다.
"여러분들이 자율적으로 인성교육에 참여하고 있지만, 인성교육 참여는 권리뿐만 아니라 책임도 함께 따릅니다. 다음과 같이 지켜야 할 규칙들이 있는데 이러한 규칙들은 자신과 여기 참여하는 집단원 모두가 더 성장할 수 있도록 도와주기 위해서 마련한 것들입니다. 규칙들을 돌아가면서 읽어보도록 합시다."

② 지도자가 지목한 사람부터 옆으로 돌아가면서 한 줄씩 읽어보도록 하면서 추가적인 항목들을 묻고, 의견을 수렴하여 집단의 규칙으로 정해지면 각자 항목을 추가하도록 한다.

③ 추가한 항목까지 주지시키면서 각자 서명하도록 한다.

■ 적용

- 자발적 참여가 아닌 참가자들이 모인 경우에는 집단규칙의 필요성을 미리 납득

이 가게 설명해 줄 필요가 있다.

■ **유의점**

- 강압적이고 당위적인 분위기에서 규칙준수에 대해 설명하고 서명하라고 하기보다는 소대원 개개인의 성장을 위한 부분임을 강조하면서 자율적으로 서명할 수 있도록 분위기를 이끈다.

집단규칙의 예

이것만은 반드시
나는 OO 프로그램에 자발적으로 참여하고,
다음 사항을 지킬 것을 약속합니다.

1. 한 번도 빠짐없이 제시간에 참여하겠습니다.
2. 솔직하게 자신을 내보이고 적극적으로 참여하겠습니다.
3. 다른 집단원의 의견이나 행동을 비난하지 않으며 존중하겠습니다.
4. 집단 안에서 일어난 사건이나 집단원에 대해 알게 된 내용에 대해서는 비밀을 보장하겠습니다.
5. 나와 집단의 발전을 위해 바람직한 행동을 선택하고, 효율적으로 시간을 활용하겠습니다.
6. 추가항목

2000년 0월 0일
서명 ___________

4. 걸림돌 없애기

■ 활동내용

인성교육에 참여하면서 자신을 표현하는데 걸림돌이 되는 부분들을 이야기하게 하고, 그 부분을 내려놓을 수 있는지 묻는 과정을 통해 편안하게 자기표현을 할 수 있도록 한다.

■ 기대효과

- 자기를 표현하는데 있어서 어색하고 불편한 요인들을 감소시킨다.
- 다른 사람들의 이야기를 들으며 동질감을 느끼게 한다.
- 긴장감을 해소하고 자유로운 분위기를 조성할 수 있다.

■ 준비물

화이트 보드, 보드 펜

■ 진행과정

① 프로그램에 대해 설명한다.

"여러분들이 인성교육에 참여하여 자기를 표현하는데 방해가 되는 요인들이 무엇인지 이야기해 보도록 하겠습니다. 지금 여기에 머무는데 걸림돌이 되는 요인이 무엇인지요? 자기 내면의 어떤 감정일 수도 있고 외부의 환경적인 요인일 수도 있을 것입니다. 자신이 인성교육에 몰입하는데 방해가 되는 요인들이 어떤 것들이 있는지 이야기해보도록 합시다."

② 집단원이 이야기 하는 내용에 공감적인 반응을 하며 모든 소대원들이 볼 수 있게 화이트보드에 받아 적는다.

"OO님은 제일 후임병이라는 것이 자신을 솔직하게 표현하는데 망설이게 하는군요. 같은 계급이지만 군에 온 시기가 다르니, 눈치를 보게 되네요!"

"OO님은 피곤하고 졸려서 여기에 집중이 어렵다고 느껴지는군요!"

③ 집단원마다 1~2회 정도는 이야기를 했다고 생각되었을 때, 내용 하나하나를

가리키며 아직도 방해가 되는지 묻고, 이에 답하는 과정을 거치면서 걸림돌을 없앨 수 있는지를 묻는다.

"OO님은 후임병이라는 부분이 지금도 신경 쓰입니까?", "선임병들! 나중에 어떻게 하는 것 아니죠?", "눈치 보면서 계속 표현을 안 하겠습니까? 어떻게 하겠습니까?", " 후임병이라는 걸림돌을 없앨 수 있겠습니까?"

"OO님 피곤하고 졸린데 어떻게 하겠습니까? 그냥 자겠습니까? 아니면 피곤하고 졸린 걸림돌을 없애고 인성교육에 집중해 보겠습니까?"

④ 걸림돌을 없앨 수 있다는 대답을 들으면 화이트보드에서 지운다.

■ 적용

- 색종이 등을 준비해 각자 방해가 되는 요인들은 5가지 이상 적으라고 하고, 발표하게 한 후 색종이를 찢는 것으로 걸림돌 없애기를 하는 방법도 있다.

■ 유의점

- 집단원들에게 순서를 정해서 말하게 하지 말고, 침묵이 흐르더라도 기다리면서 자유롭게 표현할 수 있도록 한다.
- 지도자는 발표하는 소대원들과 상호작용을 하면서 역동적으로 진행한다.

병사들이 말하는 걸림돌
(집단에 참여를 방해하는 신체적, 심리적, 환경적 요인)

- 피곤함과 졸림
- 나이, 성별
- 같은 분대, 다른 분대
- 계급(선임병, 후임병 포함)
- 나중에 돌아가서 해야 하는 일들
- 나를 어떻게 볼까 하는 마음
- 잘해야 된다는 부담감
- 처음이라, 어떻게 해야 할지 모르겠다
- 전화벨 소리 등 소음
- 다 못 마치고 온 일들
- 어색하고 서먹서먹함
- 시선처리의 불편함
- 비밀보장에 대한 의심
- 막연한 두려움
- 나만 잘 못한다는 생각
- 자꾸 눈치를 살피게 됨
- 나만 친하지 않다는 소외감

5. 친밀감 형성을 돕는 게임 활동 : 난처하네요

■ 활동내용

미리 준비된 게임 활동용지를 선택하도록 하여 소대원들에게 게임 활동용지에 적혀있는 대로 활동해 보도록 한다. 활동용지에는 말 그대로 처음 보는 사람 앞에서는 다소 난처한 게임이 적혀 있다. 하지만 게임을 하다보면 어느새 친해진 느낌이 들기 마련이다.

■ 기대효과

- 집단원들간의 어색함과 서먹함이 줄어든다.
- 자연스럽게 난처한 활동을 해보게 함으로써 편안한 분위기가 조성된다.
- 게임 활동을 통해 친밀감이 향상된다.

■ 준비물

게임 활동용지(인원수만큼, 내용이 보이지 않게 접어서 준비), 경쾌한 음악, 고무줄, 활동하기 편한 장소

■ 진행과정

① 6~8명씩 소집단을 구성한다. 이 때 분대별 소집단은 지양하는 것이 좋다. 지도자가 한 명을 지목하여 왼쪽으로 가면서 1번부터 5번까지 번호를 외치도록 하고, 1번끼리, 2번끼리 등 같은 번호끼리 소집단을 구성하면 신속하게 무작위의 소집단을 구성할 수 있다.

② 소집단별로 모이게 해서 미리 준비된 게임 활동용지를 한 사람이 하나씩 선택하도록 한다.

③ 게임 활동용지를 펴보도록 하고 게임과정을 설명한다.

"지금부터 소집단별로 모여서 모든 집단원들에게 가서 각자 용지에 적혀있는 활동들을 하고, 모든 집단원들의 확인 사인을 받아오도록 합니다. 이때 상대방에게 자신이 먼저 하겠다고 말을 하고, 상대방이 자신에게 집중하도록 합니다.

그리고 자신의 활동을 종료한 후에는 상대방의 활동에도 집중해주고 사인을 해주도록 합니다. 준비되었으면 시작!"

④ 경쾌한 음악을 들려주면서 정해진 시간 동안 자유롭게 활동하도록 한다. 지도자는 이때 집단원들의 활동하는 모습에 대해 자연스럽게 피드백을 하며 적극적인 참여를 유도한다.

⑤ 활동이 다 끝나면 활동할 때의 소감을 간단히 열자 이내로 이야기해 보라고 한다.

■ 적용

- 가장 먼저 소집단 모든 인원의 사인을 받아오는 사람에게 줄 조그만 선물을 준비하여 이를 미리 알려주는 것도 더 활발한 활동을 유도하게 한다.

■ 유의점

- 동시에 모두 각자의 활동을 하고 사인을 받으려고 하기 때문에 매우 소란스럽게 될 수 있으니, 충분히 이러한 분위기가 허용될 수 있는 장소와 시간대를 고려하여 소대원들이 편안하게 활동을 할 수 있도록 한다.

난처하네요 활동내용

1. 상대방의 양말을 벗겨서 다시 반대편에 신기세요.
2. 상대방과 팔짱을 끼고 다섯 바퀴 돌아요.
3. 상대방 머리카락 한 올을 뽑고 간직하고, 상대방에게 내 머리카락도 한 올 뽑아서 간직하라고 해요.
4. 상대방 앞에 서서 코끼리 코를 하고 세 바퀴 돌아요.
5. 상대방과 등을 맞대어 서서 콩쥐(내 등에 상대방 등 태우기) 팥쥐(상대방 등에 내 등 태우기)를 두 번 반복해요.
6. 가위 바위 보를 해서 진 사람이 이긴 사람을 업고 열 발자국 앞으로 걸어요.
7. 같이 두 손을 마주 잡고 앉았다 일어서기를 다섯 번 해요.
8. 상대방 어깨를 시원하다고 말할 때 까지 주물러 줘요.
9. 마주서서 상대방 눈을 10초 동안 바라보세요.
10. 악수를 한 뒤에 한번 안아주면서"반갑습니다!"라고 말해요.
11. 상대방에게 무릎을 펴 앉으라고 하고 주물러줘요.(30초간)
12. 눈을 감으라고 한 뒤 메롱 하면서 눈을 뜨라고 해요.
13. 고무줄로 상대방의 앞머리를 묶어주세요.
14. 상대방 손을 잡고 두 손을 같이 올리며 "만세!"를 세 번 큰소리로 외쳐요.
15. 가위 바위 보를 해서 이긴 사람이 진 사람에게 꿀밤을 줘요.

⋯› 지도자는 이러한 활동내용들을 색종이 한 장에 한 활동씩, 인원수만큼 미리 적어서 준비하도록 한다.

6. 친밀감 형성을 돕는 게임 활동 : 침몰하는 배

■ **활동내용**

집단원들이 함께 점점 좁아지는 배(천이나 신문지 등)에 올라타는 게임이다. 점차 몸을 부딪치고 밀착하고 협동해야 하는 활동으로 게임을 하다보면 긴장감이 풀리고 친근감을 느끼게 된다.

■ **기대효과**

- 집단원들간의 신체적 접촉이 이루어지면서 친밀감이 향상된다.
- 서로 협동성을 발휘하게 된다.

■ **준비물**

일정하게 접을 수 있는 똑같은 크기의 천이나 신문지

■ **진행과정**

① 처음에는 분대별로 활동을 하는데, 분대원들이 들어가기에 충분한 배(천이나 신문지)를 준비하여 배에 타서 일정시간(60초) 동안 버텨보도록 한다.
"지금부터 여러분들은 한 배를 타보도록 합시다. 어떠한 일이 있더라도 분대원들이 모두 다 탈 수 있도록 하시기 바랍니다. 자 그럼 시작하겠습니다."

② 조금씩 배의 크기를 줄여 나간다. 지도자는 옆에서 활동할 때의 집단원들의 행동을 잘 살피고, 이에 대한 피드백을 하면서 흥미를 유발할 수 있도록 진행한다.

③ 마지막으로 소대원들이 모두 일정한 크기의 신문지나 천에 모두 올라타서 30초간 버텨보도록 한다.

④ 게임이 다 끝나면 전체 소대원들이 모여서 분대 대표 1명씩 게임시의 소감을 이야기하도록 한다.

■ **적용**

- 처음부터 모든 소대 인원들이 한 배에 타보도록 한 후 분대별로 게임을 하도록 해도 된다.

■ **유의점**

- 점점 좁아지는 배에 모든 인원이 같이 타는 활동을 강조하면서 분대별 경쟁보다는 협동 활동에 몰입하게 한다.
- 게임 활동 이후에 간단하게라도 소감나누기를 하면서 마무리를 하는 것이 단순한 게임 활동으로 그치는 것이 아니라, 게임 하는 동안 자신의 느낌이나 다른 사람의 느낌에 집중해 보게 한다.

7. 친밀감 형성을 돕는 게임 활동 : 빨리 해결하세요

■ **활동내용**

3~5명 정도로 소집단을 만들어서 집단별로 문제 용지에 적혀 있는 문제들을 신속하게 푸는 게임이다. 신속함이 강조되기 때문에 집단원들도 엉겁결에 서로 아이디어를 맞대고 의견을 나누며 협력하게 된다.

■ **기대효과**

- 집단원들간의 어색함과 서먹함이 줄어든다.
- 집단원들 간에 신속한 의견교류 및 조절 능력을 체득할 수 있다.

■ **준비물**

문제 용지(소집단 수만큼, 내용이 보이지 않게 접거나 봉투에 담아서 준비)

■ **진행과정**

① 4~5명 정도의 소집단을 구성하고, 각 집단에 미리 준비한 문제용지와 필기구를 나누어 준다.

② 문제용지를 펴보도록 하고 게임과정을 설명한다.
"지금부터 나눠준 문제용지를 펴서 읽어보도록 하세요. (잠시 후) 그 용지에 적혀 있는 문제들을 집단원들이 힘을 합쳐서 되도록 빨리 해결하여 지도자에게 제출하도록 합니다. 완벽하게 해결한 팀이 나올 때 까지 진행하겠습니다. 자 준비, 시작!"

③ 제일 먼저 해결한 소집단이 나오면 활동을 멈추도록 하고, 지도자가 정답을 알려주면 소집단별로 각자 직접 채점하도록 합니다.

④ 전체 소대원들이 모두 모여서 소집단별 점수를 확인하고, 활동하면서의 소감을 자연스럽게 몇 명 정도만 이야기하도록 한다.

■ **적용**

- 문제는 집단원들에 대한 내용, 교육 장소나 성격을 자연스럽게 알릴 수 있는 내

용이나 넌센스 퀴즈, 친밀감을 향상시킬 수 있는 활동들을 적당하게 배분하여 준비한다.

■ **유의점**

- 교육 장소 내에서 해결할 수 있는 문제들로 제한하여 준비할 수 있도록 한다.
- 소란스러워질 수 있기 때문에 이를 감안하여 장소나 시간대를 선정한다.

빨리 해결 하세요 문제 예

1. 이 자리에 있는 사람들은 모두 몇 명입니까?
2. 이 방에는 유리창이 모두 몇 개 있습니까?
3. "진짜 사나이"군가를 같이 어깨동무를 하여 큰 소리로 부른다.
4. 다른 조원 한 명의 양말을 양쪽 모두 강탈해 오십시오.
5. 조원이 모두 손을 잡고 앉았다 일어서기를 10번 하십시오.
6. 지도자의 이름과 첫 사랑 이름은?
7. 산토끼 반대말은 무엇입니까?
8. 집단원들 중에서 신체적인 특징(귀가 매우 큼)이 있거나 특별한 재주(혓바닥을 내밀어 코끝에 닿을 수 있는 사람)가 있는 사람을 한 사람씩 찾아보세요.
9. 화장실에서 용변을 볼 때에 소변이 먼저 나옵니까? 대변이 먼저 나옵니까?
10. 머리카락을 이어 20cm로 연결하여 오세요.

정답: 7번–죽은 토끼(IQ 80짜리 대답) 키토산(IQ 100짜리 대답) 9번–급한 것부터

8. 서로에게 관심을

■ 활동내용

술래가 된 사람이 집단원에 대한 설명을 듣고 해당 소대원이 누구인지 알아맞히는 활동이다. 집단원들 개개인에게 초점이 되기 때문에 자연스럽게 서로에 대해 관심을 가지게 할 수 있다.

■ 기대효과

- 집단원에 대해 긍정적인 관심을 가지게 한다.
- 자신이 집단원들에게 어떻게 비추어지고 있는지를 알게 한다.

■ 준비물

없음

■ 진행과정

① 집단원들을 원 모양으로 빙 둘러 앉아 서로를 쳐다보게 한다.

② 자발적으로 술래를 지원하도록 하고, 술래가 된 사람은 머리를 숙인다.

③ 자신을 알아맞히길 바라는 사람이 손을 든다.

④ 술래 오른쪽 사람부터 방금 손 든 사람에 대하여 짧게 이야기 하도록 한다. 이 때 손을 든 사람도 자기에 대한 것이지만 마치 다른 사람을 이야기하는 것처럼 한다. "되도록이면 빨리 알아맞히지 못하게 설명을 합니다. 따라서 너무 뻔히 알 수 있는 설명은 피해야겠지요? 그리고 해당 집단원의 긍정적인 측면들에 대해 설명을 하도록 합니다."

⑤ 손을 들었던 사람이 누구인지 술래가 알아맞히면 이제는 그 손을 들었던 사람이 술래가 되어 고개를 숙이고 처음과 같은 방식으로 계속한다.

⑥ 마지막 한 두 명은 쉽게 알 수 있으나 모두가 참여하는 것이 의미가 있으므로 끝까지 진행하도록 한다.

⑦ 한 사람씩 주목해서 관심을 가지게 된 점에 대해 이야기하면서 활동을 마무리 한다.

■ **적용**

- 해당 집단원을 설명할 때, 2가지 단어만 사용하라든지, 5음절로 이야기하라든지 언어에 제한을 두어 설명하게 할 수도 있다,
- 서로 알고 있는 집단원들로 구성이 되었다면, 그 집단원의 장점을 설명하라고 하면 친밀감 형성에도 도움이 된다.
- 프로그램의 시간에 따라 참가자의 반 정도 인원을 알아맞혔을 때, 게임을 중단할 수도 있다.

■ **유의점**

- 집단원들에게 관심을 가지고 친밀감을 유도하기 위한 활동이므로, 전혀 모르는 집단원들로 구성되어 있다면 보여지는 신체 이미지나 겉모습 등을 표현하는데 그치기 쉽기 때문에 이 활동은 피하는 것이 좋다.

서로에게 관심을 예

"다른 사람들에게 친절하다."
"유머감각이 있다."
"축구할 때 공격수로 활약한다."
"자주 눈가에 미소를 띠며 웃는다."
"좋은 이야기를 많이 해 준다."
"우리 부대의 꽃미남이다."
"개그맨 흉내를 잘 낸다."
"며칠 전 여자 친구가 면회왔다."
"노래를 잘 한다."
"성격이 좋다,"
"화를 잘 안 낸다."
"목소리가 크다"

9. 물어봐 대답할게

▪ 활동내용

정해진 시간동안 자유롭게 집단원에게 찾아가서 궁금한 점에 대해 직접 질문하고 대답을 듣는다. 공개적으로 직접 질문하고 대답하는 과정이 마련되므로, 거절에 대한 위험 부담이 줄고 자신감을 가질 수 있게 된다.

▪ 기대효과

- 거절에 대한 두려움을 해소할 수 있다.
- 집단원 개개인에 대해 관심을 갖게 한다.
- 집단원들에 대한 친밀감이 향상되고 응집력이 생긴다.

▪ 준비물

활동적인 음악 CD

▪ 진행과정

① 모두 둥글게 둘러앉아 프로그램에 대해 설명한다.

"다른 소대원들의 얼굴을 한 번씩 둘러보세요. 평소 묻고 싶었던 이야기가 있었는데 물어보지 못했거나 지금 뭔가 궁금한 사항이 있으면, 지금부터 그 집단원을 찾아가서 한 가지 질문을 합니다. 질문을 받은 사람은 되도록 성실하게 그리고 자세하게 대답해줍니다. 지금부터 20분 동안 될 수 있는 한 여기 모인 집단원들 중 5명에게 가서 질문하고 대답을 들어보도록 하세요. 되도록 이면 평상시에 이야기를 하지 않았지만 꼭 물어보고 싶은 것이 있는 사람을 선택하도록 하세요. 왠지 대답을 안 해 줄 것 같다든지, 말 걸기가 어려운 사람을 선택해 보세요. 오늘 이 활동에서 질문을 받은 사람은 성실히 대답을 해야 하기 때문에 오늘이 그러한 사람에 대해 질문을 해 볼 수 있는 아주 좋은 시간입니다. 자 그럼 시작 합니다"

② 정해진 시간 동안 활동적인 음악 CD를 방해가 되지 않을 정도의 음향으로 틀어

놓는다.

③ 시간이 다 되면 모두 둥글게 모여 앉도록 한다.

④ 활동하면서 느낀 점을 발표하도록 한다. 지도자는 혹시 질문을 하려 했지만 못 했거나, 나의 예상과는 전혀 다른 답을 들었거나, 어렵게 한 질문이었는데 대답은 너무 쉽게 해 주었다는 등의 여러 가지 활동 간의 소감을 풍성하게 나눌 수 있도록 진행한다.

■ 적용

- 미리 질문내용을 적은 쪽지를 준비하여 선택하도록 한 후 그 질문을 하도록 할 수도 있다.
- 모든 사람들에게 질문해 보도록 하기 위해 질문을 하고 대답을 들은 후에 사인을 받아오도록 할 수도 있다.

■ 유의점

- 될 수 있으면 서로 모르는 사람에게, 말하기가 꺼려지는 사람에게 질문을 할 수 있도록 안내한다.
- 단답형 답변의 질문보다는 좀 더 그 사람을 이해하는 데 도움이 되는 질문을 주고 받을 수 있도록 안내한다.

서로 질문하기 '쪽지'의 예

"OOO일병과 자주 다니는데 친한 사이인가?"

"어떻게 친해졌나?"

"나에 대해 어떻게 생각하는지?"

"거의 표정이 웃고 있는데 왜 그런지?"

"OOO병장에게 어떻게 대하는 것이 좋은지?"

"OOO일병에 대해서 어떻게 생각하는지?"

"군 생활에 도움이 되는 한마디를 해준다면?"

"왜 같이 안 어울리고 혼자 있으려고 하는지?"

"OOO상병에 대한 불만은 무엇인지?"

"휴가 가서 제일 먼저 가고 싶은 곳? 그 이유는?"

"자기의 신체중 제일 맘에 드는 곳은? 그 이유는?"

"부대에서 제일 힘든 점은?"

"부대에서 이야기가 통하는 사람은 누구인가?"

"요즘 고민은 무엇인가?"

"좌우명은 무엇인가?"

"가장 불쾌하게 생각하는 것은 무엇인가?"

"스트레스 해소법을 소개한다면?"

"어떨 때 혼자 있고 싶어지는가?"

"이상형은 어떤 사람인가?"

"가장 아끼는 물건은 무엇인가? 그 이유는?"

10. 상대방이 되어 봅시다

■ 활동내용

상대의 이야기를 듣고 서로 입장을 바꾸어 자신인 것처럼 집단원들에게 소개한다. 이 활동을 통해 집단원들은 상대방의 이야기를 집중해서 경청하게 된다. 또한 상대방을 자신인 것처럼 소개하는 과정에서 상대방에 대한 관심도 증대될 수 있다.

■ 기대효과

- 상대방을 자신처럼 느껴보고 동시에 상대를 통해서 자신의 모습을 볼 수 있다.
- 의사소통에서 정확성이 중요하다는 것을 깨닫게 된다.
- 상대방의 이야기를 경청하는 훈련이 된다.

■ 준비물

자기소개 활동지, 필기구

■ 진행과정

① 무작위로 두 명씩 짝을 정하도록 한다. 이 때 서로 친한 사람들보다 잘 모르는 사람과 짝이 되도록 한다.

② 프로그램에 대해서 설명을 한다.
"지금부터 2명씩 짝을 이루어서 상대방에게 자기를 소개합니다. 그 뒤에 마치 자신이 상대방인 것처럼 전체에게 소개해보도록 하겠습니다. 상대방의 이야기를 잘 듣고 소개를 해야겠지요? 기억을 잘 못할 것 같은 사람들은 상대방의 이야기를 기록해 두어도 좋습니다."

③ 활동지를 각자 작성하도록 하고, 1인당 3분에서 5분 정도의 대화의 시간을 가진다.

④ 인접한 사람들과 6~8명이 소집단이 되도록 하고, 돌아가면서 마치 상대방이 자기 자신인 것처럼 소개하도록 한다.

⑤ 소개가 끝나면 전체 소대원이 모두 모여서 활동 시 느꼈던 소감을 소집단별 한

두 명에게 듣는다.

■ **적용**

- 상대방이 되어보는 활동은 자기를 소개하는 프로그램이 아니어도 적용이 가능하다. 예를 들면 활동 소감을 서로 상대방의 입장에서 발표하도록 할 수도 있고, 전개단계의 프로그램이라면 좀 더 자신의 내면을 더 많이 공개하는 주제에 대해서도 상대방이 되어서 발표하도록 할 수도 있다.

■ **유의점**

- 대화할 때나 발표할 때 소요시간을 지정해 주고, 골고루 시간이 돌아갈 수 있도록 한다.
- 발표할 때 확실히 상대의 입장이 되도록 호칭을 1인칭으로 하도록 한다.

상대방이 되어 봅시다

⊙ 군에 오기 전에 나는 이랬다.

⊙ 나를 동물에 비유한다면 어떤 동물일까? 그리고 그 이유는?

⊙ 군 생활에서 가장 힘든 점은?

⊙ 요즘 내가 가장 편안하고 행복한 때는?

⊙ 이상형의 이성을 만난다면 맨 처음 말은?

⊙ 군에 와서 내가 가장 많이 달라진 점은 ?

⊙ 나의 가장 대표적인 장점 한 가지는?

자기이해와 타인이해 프로그램

■ **목표**

자신의 특성과 경험을 집단원들에게 개방하고 상호작용을 함으로써 자신을 이해하고 수용할 수 있다. 또한 타인의 경험을 경청하면서 타인에 대한 이해가 깊어지며, 서로 친밀감이 돈독해지고 응집력이 향상된다.

■ **중점사항**

- 자기 특성과 경험 표현하기
- 타인 특성과 경험 경청하기
- 타인 입장에 대한 조망과 수용적인 태도 증가
- 신뢰감 형성 및 응집력 향상
- 공감적인 반응 활성화

■ **프로그램**

1. 이야기 털어놓기
2. 거울을 보아요
3. 공통점 찾기
4. 나의 짝꿍 그리기
5. 생애 돌아보기
6. 성공을 파는 마술가게
7. 성격의 양면
8. 3차원의 나
9. 가치관 경매

1. 이야기 털어놓기

■ 활동내용

집단원들에게 자기의 특징, 군대에서의 재미있었던 경험들과 힘들었던 경험들, 가족들에 대한 이야기, 휴가 기간의 에피소드 등 자기에 대한 글을 적도록 한다. 지도자가 그 내용을 모아서 한 장씩 읽어주면서 그 이야기의 주인공이 누구인지를 알아맞히도록 한다.

■ 기대효과

- 자기 자신을 자연스럽고 편안하게 개방할 수 있다.
- 타인의 일상생활에서 몰랐던 부분을 발견하는 기회가 된다.
- 집단원들끼리 친숙한 느낌을 가지게 한다.

■ 준비물

필기구, 종이

■ 진행과정

① 집단원들에게 종이를 나누어 주면서 자기의 특징, 군에 와서 겪었던 즐거웠던 경험이나 힘들었던 경험, 그리고 일상의 에피소드 등 자기와 관련되는 이야기를 생각나는 대로 적도록 한다.

② 기록이 끝나면 분대원들끼리 소집단을 만들도록 하고 최고 선임이 보조 진행자 역할을 하도록 한다.

③ 보조 진행자는 분대원들이 적은 종이를 모두 모아서 충분히 잘 섞이도록 한 후에 한 장씩 분대원들에게 읽어주고, 그 이야기의 주인공이 누구인지를 알아맞혀 보도록 한다.

④ 활동이 끝나면 전체 소대원들이 모두 모여서 분대별 활동 및 느낀 점을 분대 대표 1인씩 요약해서 이야기하도록 한다.

■ 적용

• 짝을 지어 상대 짝의 에피소드를 그 사람의 입장이 되어 집단원 앞에서 읽어보게 함으로써 짝의 입장에서 경험을 헤아려보도록 할 수 있다. 예를 들어 분대원이 모두 집단원으로 참여한다면 상병이나 병장이 이병이나 일병과 짝을 지어 상대방의 글을 그 사람의 입장에서 헤아려보는 기회를 제공할 수 있다.

■ 유의점

• 자신의 이야기를 다른 사람들에게 하는 것이 우선적인 활동의 목표임을 알려서 솔직하게 자기 이야기를 쓸 수 있도록 한다.

이야기 털어놓기의 예

⊙ 나의 특징을 소개한다면

⊙ 군에 와서 겪었던 행복했던 일

⊙ 군에 와서의 겪었던 힘들었던 일

⊙ 다른 사람들은 잘 모르는 나의 신체적 특징

⊙ 휴가 기간 동안의 재미있는 에피소드

⊙ 군 생활동안의 에피소드

2. 거울을 보아요

■ 활동내용

거울 속의 자신의 모습을 3분 정도 관찰하게 한다. 얼굴 전체를 천천히 주의 깊게 살펴보도록 하면서 질문을 던지고 이에 대한 답을 써보도록 한 후 이야기를 나눈다.

■ 기대효과

- 자신의 모습을 주의 깊게 관찰 할 수 있다.
- 남에게 자기모습이 어떻게 비춰지는지에 대해 생각해보는 기회가 된다.

■ 준비물

거울(같은 모양과 크기의 얼굴전체를 들여다 볼 수 있는 거울), 필기구, 종이

■ 진행과정

① 집단원들에게 조용히 거울을 통해 자신의 모습을 들여다보도록 한다. 조용하고 엄숙한 분위기를 유도하고 이목구비 하나하나를 자세하게 들여다보라고 이야기 한다.

② 3분 정도 시간이 흐르면 지도자가 다음의 질문을 던지면서 답을 기술해 보도록 한다. 천천히 진행하여 충분히 관찰하고 적을 수 있도록 한다.

"내 용모의 특징적인 부위는 어디인가?"
"가장 마음에 드는 부분은 어디이고, 이유는 무엇인가?"
"가장 마음에 들지 않는 부분은 어디이고, 이유는 무엇인가?"
"전체적인 나의 첫 인상은 어떤가?"
"누가 내 얼굴을 보면 어떻게 느낄까?"
"인상은 변한다고 하는데, 인상이 좋다는 이야기를 들으려면 어떻게 달라져야 할까?"

③ 되도록 다른 분대원끼리 3명 정도씩 소집단을 구성한다.

④ 구성된 소집단에서 거울 속의 자기의 모습을 보는 과정에서 느낀 점을 서로 이

야기 한다.

■ **적용**

- 전신거울을 이용할 수 있다면 전체 자신의 태도나 자세 등에 대해서도 살펴보게 할 수 있다.
- 또 다른 자기이해 프로그램 시작 전에 도입 프로그램으로서 실시하는 것이 좋다.

■ **유의점**

- 장난스런 분위기가 연출될 수 있기 때문에, 조용해 질 때까지 기다리고 눈을 감으라고 하여 침착한 분위기가 되면 거울을 응시할 수 있도록 한다.
- 자기 외모에 대해 평상시에 가졌던 좋지 못한 감정으로 치우칠 수도 있고, 서로 비교가 될 수 있기 때문에 관찰해서 적은 내용에 대해서는 공개하지 않는 것이 좋다.

3. 공통점 찾기

■ 활동내용

집단에 편성된 사람 중 서로에 대해 가장 잘 모르는 사람과 둘 씩 짝을 짓게 한다. 서로에 대해 이야기하면서 공통점을 찾게 하고 차이점을 발견하며 친밀해지게 한다.

■ 기대효과

- 상대방에 대해 관심을 가지게 되고 상대방을 이해할 수 있다.
- 상대방과의 공통점과 차이점을 알게 된다.
- 동질감과 친밀감을 형성하게 된다.

■ 준비물

A4 용지, 필기구

■ 진행과정

① 두 명씩 짝을 정하도록 한다. 이 때 서로 친한 사람들보다 서로 잘 모르는 사람과 짝이 될 수 있도록 한다.

② 프로그램에 대해서 설명한다.

"지금부터 2명씩 짝을 이루어서 서로 인사를 합니다. 이 때 아주 오랜만에 친한 친구를 우연히 만났다고 생각하고 서로 인사를 나누기 바랍니다. (서로 인사하는 시간 부여) 이제부터 10분 동안 서로 이야기를 하여 둘 사이의 공통점을 다섯 가지 이상 찾아보도록 합니다. 이때 너무 단순하거나 구체적인 내용보다는 좀 더 고차원적이고 인생이나 현재 고민에 대한 깊은 이야기를 나누면서 공통점을 찾기 바랍니다. 지금부터 시작하세요."

③ 활동지를 각자 작성하도록 하고, 10분 동안 대화의 시간을 가진다.

④ 두 개의 소집단으로 나누어서 소집단별로 둘의 공통점을 발표하게 한다. 둘의 공통점을 듣고 느낀 점을 집단원들이 피드백하게 한다.

⑤ 전체 소대원이 모두 모여서 소집단별 발표에서 특이하거나 잘 찾은 짝이 발표

하게 한다.

⑥ 마지막으로 이 활동을 하면서 느낀 점을 자유롭게 나누게 한다.

■ 적용

- 대안적인 방식으로 한 사람과 짝을 이루어 대화를 하며 공통점을 찾게 한 후, 계속 해서 짝을 바꾸어 가며 대화하면서 공통점을 찾게 하여, 가능하면 많은 사람들과 공통점을 찾게 하면, 서로를 이해하고 친밀감을 형성하는데 효과적이다.

■ 유의점

- 짝을 지을 때, 잘 모르는 사람과 짝이 되도록 유의한다.
- 대화할 때 깊이 있는 내용의 이야기를 할 수 있도록 지도한다.

우리의 공통점 예

⊙ 특징: 남자, 군인, 20대……

⊙ 취미: 축구, 농구, 컴퓨터 게임……

⊙ 현재의 고민: 여자 친구, 분대원 관계, 진로, 업무……

⊙ 인생의 중요한 것: 돈, 인간관계, 가정, 직업……

⊙ 인생의 목표: 행복, 안정, 성공, 이상……

⊙ 장래 직업: 공무원, 회사원……

⊙ 성격: 외향적, 활동적, 조용하고 신중……

4. 나의 짝꿍 그리기

■ 활동내용

집단 구성원 중 가장 잘 모르는 사람과 짝을 짓게 한 후 서로에 대해 소개하게 한다. 상대방의 특징적인 점을 찾고 질문을 하도록 하며 서로 유심히 바라보고 관찰하면서 상대방에 대해 알게 된 것을 그림으로 표현하게 한다. 상대방의 특징적인 얼굴 표정이나 행동을 그림으로 그려도 되고, 가장 뚜렷한 특징을 추상적인 그림으로 표현하게 한다.

■ 기대효과

- 상대방과의 대화와 세심한 관찰을 통해 상대방에게 관심을 기울인다.
- 상대방의 특징을 찾고 상대방을 이해한다.

■ 준비물

8절 도화지, 크레파스

■ 진행과정

① 집단원들에게 가장 잘 모르는 사람과 둘씩 짝을 짓게 한다.
② 상대방과 5분 정도 서로에 대해 소개하고 자신의 특징을 대화하게 한다.
③ 서로의 특징을 알아내기 위해 질문을 하게 한다.
④ 서로 얼굴의 특징을 그리기 위해 주의 깊게 관찰하게 한다.
⑤ 5분 정도 얼굴 모습이나 특징적인 행동 혹은 추상적인 특성을 그림으로 표현하게 한다.
⑥ 전체 집단원을 두 개의 소집단으로 나누고 소집단별로 모여서 그린 것을 발표하고 서로 피드백하게 한다. 이때 짝꿍을 관찰하면서 혹은 그림으로 표현하면서 나에게 어떤 생각이나 느낌이 들었는지 말하게 한다.

■ 적용

- 집단원들끼리 서로 잘 알고 있다면 우선 그림을 그리도록 한 후에 자신과 상대방의 특징 및 왜 그렇게 그렸는지 등을 이야기하게 한다.

■ 유의점

- 가급적 상대방의 두드러진 특징이나 좋은 점을 표현할 수 있게 한다.
- 타인에 대해 관심을 가지고 대화하고 관찰하도록 격려한다.

5. 생애 돌아보기

■ 활동내용

인생 전체에 대해서 회고할 수 있도록 명상의 시간을 가진 후에, 떠올려진 부분들에 대해 생애 도표에 표현해보도록 한다. 집단원들에게 서로 생애 도표를 소개하는 과정을 통해 자신의 경험들을 정리하고 다른 사람의 경험을 경청하면서 이해의 폭이 넓어진다.

■ 기대효과

- 자신의 삶에 대한 회고를 통해 삶을 반성하고 계획할 수 있다.
- 자신의 이야기를 자연스럽게 집단원들에게 개방할 수 있다.
- 집단원들의 발표를 들으며 타인의 삶에 대해서도 이해할 수 있다.
- 집단원들간의 친밀감이 더 돈독해 질 수 있다.

■ 준비물

용지, 필기구, 양초(집단원 수만큼), 라이터, 종이컵(촛대 받침용)

■ 진행과정

① 간단한 맨손 체조로 몸을 이완하도록 하고 조용한 분위기를 조성한다.

② 모두 눈을 감고 편안한 자세로 앉아서 조용한 가운데 진지하게 지나온 삶을 회고할 수 있도록 지도자가 멘트를 한다. 집단원들의 상태에 맞추어서 천천히 이야기한다.

③ 각자 조용한 분위기에서 생애 도표를 작성하도록 한다.

④ 작성이 다 끝났으면 분대별로 소집단을 구성하도록 한다.

⑤ 소집단별로 둥글게 모여 앉아서 미리 준비된 양초에 불을 켜고 각자 앞에 놓도록 한다.

⑥ 차분한 분위기를 조성하면서 소집단별로 자신의 생애 도표를 발표하도록 한다.

⑦ 발표 시에 감정이 격해지면 피하지 말고 지긋이 그 심정에 머물 수 있도록 안내한다.

⑧ 집단원들의 발표가 다 끝나면 생애 도표를 그리는 과정과 다른 집단원들의 이야기를 들으면서 떠올려진 생각이나 느낌을 이야기하도록 한다.

■ 적용

- 생애회고를 군생활로 한정지어서 떠올려 보도록 하여 군 생활 동안의 경험들에 대해서 정리해볼 수 있는 시간을 갖게 할 수 있다.

■ 유의점

- 회고하는 활동이기 때문에 침착해지는 시간과 조용한 장소 등을 고려할 필요가 있다. 늦은 오후나 저녁시간에 하는 것이 감정에 더 몰입할 수 있기 때문에 효과적이며, 외부의 소음이 없는 장소를 택하는 것이 좋다.
- 자신의 삶을 회고해 보는 기회이기도 하지만 집단원들의 삶의 경험을 들으며 다른 사람을 이해하는 것도 중요한 목표이다. 따라서 집단원들이 돌아가면서 소개할 때 경청하면서 공감적인 자세로 들을 수 있도록 지도자가 모범을 보인다.

생애 돌아보기 지도자 멘트

지금부터는 여러분의 인생을 되돌아보는 시간을 갖도록 하겠습니다. 내가 이야기하는 내용을 잘 들으면서 떠올려 보시기 바랍니다.

먼저 여러분이 엄마 배속에 있을 당시로 거슬러 올라가도록 하겠습니다. 어머니는 몇 살에 여러분을 임신하였습니까? 여러분을 임신할 당시의 가족 상황은 어떠했습니까? 형이나 누나가 있었습니까? 아버지는 임신한 어머니를 어떻게 대합니까? 아버지와 어머니 두 분의 관계는 어떠했습니까? 여러분을 원하고 계획해서 나았습니까? 여러분에 대해 어떤 아이이기를 바라는 것 같습니까? 그러다가 10달을 다 채우고 내가 세상에 태어납니다. 태어날 때 특이한 점은 없었습니까? 부모님의 반응은 어떠했습니까? 여러분을 환영해 주었습니까?

한 살, 세 살. 다섯 살. 일곱 살. 주로 누가 여러분을 돌봐 주었습니까? 집안 분위기는 어떠했습니까? 여러분은 주로 집안의 어디에서 놀았습니까? 그때를 떠올려보면 가장 의미 있었던 기억은 어떤 것들입니까? 주로 가지고 놀던 장난감들은 어떤 것들이 있습니까? 그 당시 부모님들은 여러분을 어떻게 대하십니까?

여덟 살이 되어 초등학교에 입학하게 됩니다. 초등학교시절을 떠올렸을 때 가장 의미 있거나 힘들었던 기억들은 어떤 것들이 있습니까? 여러분은 어떤 아이였습니까? 친구들과의 관계는 어떠했습니까? 선생님들은 여러분을 어떻게 대하였습니까? 학업성적은 어떠했습니까? 초등학교 시절에 부모님과의 관계는 어떠했습니까? 집의 분위기는 어떠했습니까? 가족내의 어떤 변화는 없었습니까? 변화 속에서 여러분은 어떤 아이로 자랐습니까? 그때의 경험들을 떠올려 보시기 바랍니다. 그러다가 초등학교를 졸업하고 중학생이 됩니다.

중학교…….(밑줄 친 부분 반복). 여러분의 신체에도 변화가 생깁니다. 여러분의 신체적 성장과 성숙에 대해서는 어떤 경험들을 가지고 있습니까? 성장하는 모습에 대해 여러분은 자랑스러워했습니까? 아니면 어떠했던 것 같습니까? 그러다가 중학교를 졸업하고 고등학생이 됩니다.

고등학교 …….(밑줄 친 부분 반복) 고등학교를 졸업하고 대학교에 들어간 병사들도 있고 재수를 한 병사들도 있습니다. 재수시절에는 어떤 경험을 했습니까? 대학교에서는 어떤 경험들을 했습니까?

그러다가 군대에 오게 됩니다. 그리고 바로 지금 여기에 있습니다. 지금까지 내 삶 전체를 돌아보는 시간을 가졌습니다. 조용히 눈을 뜨고 지금까지 떠올렸던 기억들을 한번 기록해 보시기 바랍니다.

생애 돌아보기 도표

0세 22세

6. 성공을 파는 마술 가게

■ 활동내용

집단원들에게 색종이를 나누어 주고, 자신의 성격이나 행동 특징 중에 마음에 들지 않거나 바꾸고 싶은 부분을 적어보라고 한다. '성공을 파는 마술가게'에 대해서 설명을 하고 마술가게에서 자신의 변화되고 싶은 요소들을 구입하도록 한다. 자신이 변화되고 싶은 부분을 분명하게 자각할 수 있다.

■ 기대효과

- 자연스럽게 자신의 마음에 들지 않는 성격이나 행동 특징을 개방할 수 있다.
- 자신의 변화하고 싶은 모습을 구체화시킬 수 있다.
- 타인의 성격요소와 원하는 바에 대해 이해하는 기회가 된다.
- 재미있는 분위기 속에서 변화에 대한 의지를 다질 수 있다.

■ 준비물

필기구, 색종이, 마술가게에서 파는 성공요소를 기록한 용지, 마술가게 표지판

■ 진행과정

① 집단원들에게 색종이를 5장씩 나누어 준 다음, 눈을 감고 조용한 분위기를 조성한다.
② 충분히 생각할 시간을 주면서 자신의 성격요소나 행동 특징 중 마음에 들지 않거나 고치고 싶은 부분들이 있으면 한 장에 하나씩 적어 보도록 한다.
③ 자신의 기록한 다섯 개의 내용에 대해 짝에게 서로 이야기하도록 한다.
④ 짝과 이야기 하는 동안에 지도자는 '성공을 파는 마술가게'를 준비한다.
⑤ 모두 지도자에게 집중하도록 하고 '성공을 파는 마술 가게'에 대해 설명을 한다.
"이 가게는 성격의 요소를 파는 가게입니다. 팔기만 할 뿐 아니라, 이 가게에서 구입한 성공을 부르는 성격요소들은 반드시 여러분의 마음 깊숙이 새겨들어가

서 여러분들이 성공적인 삶을 살아가도록 이끌어 줄 것입니다. 얼마에 살 수 있을까? 머릿속에서 계산하고 있나요? 돈은 필요하지 않습니다. 그렇다면 성공을 부르는 성격요소들은 어떻게 해야 얻을 수 있을 까요? 마음에 들지 않는 자신의 모습과 사고 싶은 성격요소들을 교환하면 됩니다. 마음에 들지 않는 성격요소 하나와 사고 싶은 성격요소를 맞바꾸는 것입니다. 하지만 교환이 제대로 이루어지려면 조건이 있습니다. 다름이 아니라 왜 마음에 들지 않는지, 왜 변화하고 싶은지에 대해 분명히 설명을 하고, 또 구입하려는 성격요소에 대해서도 구입 목적 및 이유를 들어 타당하게 설명을 해야 합니다. 그리고 무엇보다 중요한 것은 얼마나 간절하게 사고 싶어 하느냐가 집단원 모두에게 호소력 있게 설명을 해야 합니다."

⑥ 마음에 들지 않는 성격 요소 다섯 가지 중에 특히 지금 당장 고치고 싶은 성격요소를 한 가지 혹은 두 세 가지 만을 선택하라고 한 후, 어떤 요소들과 교환할 것인지를 생각해보도록 한다. 지도자는 진행 시간을 고려하여 교환할 요소를 한 가지로 할지 두 세 가지로 할지 미리 결정한다.

⑦ 자유롭게 한 사람씩 나와서 교환할 수 있도록 한다. 이 때 지도자는 분위기를 잘 유도하고 대화를 잘 이끌어서, 다른 집단원들이 모두 집중할 수 있도록 하고, 교환하는 사람이 분명한 어조와 태도로 설명할 수 있도록 한다.

⑧ 설명이 끝나면, 지도자는 집단원들이 모두 교환에 대해 동의하는지 의견을 묻고 이에 대한 동의의 표시로 박수를 치게 하면서 교환하도록 한다. 교환할 때는 "나 ○○이는 ***를 버리고 □□□ 새로 샀습니다. 나 ○○이는 □□□를 확실히 내 것으로 만들겠습니다."를 외치도록 한다. 그리고 버리는 성격요소들은 찢어버리도록 한다.

⑨ 모든 집단원들이 끝나면 서로의 소감을 나눈다.

■ **적용**

• 마술가게에서 구입한 성격요소들은 생활실에 자신이 볼 수 있는 곳에 부착하도록 하여 일상생활에서 되새겨 볼 수 있도록 한다.

■ **유의점**

- 참가한 소대원 전체를 참여하게 하는 것이 좋다.
- 지도자가 흥미를 유발하면서도 진지하게 참여할 수 있도록 진행해야 한다.
- 지도자는 필요한 준비물을 사전에 준비하여 더 극적인 효과가 이루어 질 수 있도록 유의한다.

★ 성공을 파는 마술가게 ★

- 가게에서 구입한 요소들은 모두 당신의 것이 됩니다.

- 구입하고 싶다면 당신의 의지와 설득능력을 보여주세요!

★ 분위기를 살리는 유머감각 ★

마술가게에서는 이런 것을 팔아요.

★ 대중들 앞에서 호소력 있게 연설하는 능력
★ 분위기를 살리는 유머 감각
★ 윗 사람 앞에서도 편안하다고 느낌
★ 처음 보는 사람에게 먼저 다가서서 말을 건네는 적극성
★ 한번 마음먹은 것을 끝까지 밀고 나가는 끈기
★ 다른 사람의 의견을 수용하는 개방적 태도
★ 생활에서의 계획성
★ 온화하고 정감있는 인상
★ 예상하지 못 했던 일이 생겨도 침착하게 대처 할 수 있는 여유
★ 정에 이끌리지 않는 냉철한 판단 능력
★ 나의 생각이나 판단이 옳다는 확신
★ 설득력있게 논리적으로 설명하는 능력
★ 하고 싶은 일에 혼신을 다하는 열정
★ 계획한 일들을 끝까지 실천하는 것
★ 환경에 굴하지 않는 집중력
★ 거시적이고 장기적인 안목
★ 지적호기심과 탐구심
★ 다른 사람에 대한 관심과 사교성
★ 심사숙고하고 신중하게 결정함
★ 나의 감정이나 생각을 잘 표현하는 능력
★ 객관적인 현실 감각
★ 민첩한 행동
★ 긍정적이고 낙천적인 사고
★ 성실하고 근면한 태도
★ 즉각적으로 반응하지 않는 느긋함
★ 활력과 생기
★ 조직을 잘 통솔하는 능력
★ 전체를 보는 통찰력
★ 겸손함
★ 자기의 능력을 잘 알릴 수 있는 기술
★ 새로운 일에 도전하는 용기

7. 성격의 양면

■ 활동내용

자신과 갈등이 많은 특정인의 성격특성을 찾아보도록 한다. 이러한 성격특성의 양면성을 찾아보도록 하여 다른 측면에서 바라볼 수 있도록 하는 활동이다. 갈등관계에 있을 때는 상대방의 모든 요소들이 부정적으로 보일 수밖에 없다. 따라서 긍정적인 측면으로 재조망할 수 있게 하여 자신과 타인에 대한 선입견을 자각할 수 있도록 돕는 활동이다.

■ 기대효과

- 자신과 타인의 성격 특성을 파악할 수 있다.
- 타인에 대한 왜곡된 선입견을 자각할 수 있다.
- 성격특성은 긍정적, 부정적 요소가 공존한다는 것을 이해할 수 있다.

■ 준비물

성격분석표 활동지, 장점과 단점 활동지, 동전의 양면 활동지, 필기구,

■ 진행과정

① '성격분석표 활동지'를 나누어 주고 자신과 관계가 있다고 생각되는 성격특성 10가지를 골라 '자신'이라고 되어 있는 란에 O표 하도록 한다.

② 불편한 관계에 있는 전우를 생각하면서 그 전우의 성격과 맞는다고 생각되는 성격특성 10가지를 골라 '특정인'란에 O표 하도록 한다.

③ O표한 성격특성을 '장점과 단점 활동지'에 옮겨 적고 장점이라고 생각되는 단어는 +란에, 단점이라고 생각되면 −란에 O표 한 후 점수를 계산하도록 한다.

④ 지도자는 전체 집단원들을 주목하도록 하여 다음의 기록표에 자신과 특정인의 장점 개수를 확인하여 몇 명에 해당되는 지를 기록한다.

기표개수	자신의 장점	특정인의 장점
9~10		
7~8		
5~6		
3~4		
0~2		

⑤ 지도자는 기록한 내용에 대해서 설명하도록 한다. 보통 나의 장점 개수가 특정인의 장점 개수보다 많기 마련이기 때문에 이에 대해 다음과 같은 내용의 이야기를 한다.
"사람들은 자신에게는 넉넉하고 후한 평가를 하는 반면 타인에게는 그렇지 못한 경우가 더 많습니다. 특히 불편하고 갈등 관계에 놓여 있는 사람인 경우에는 더더욱 그러한 평가를 하게 됩니다. 하지만 반드시 그러한 것일까요? 우리 오늘 이 시간에 한 번 차근차근 생각해 보도록 합시다."

⑥ 성격의 양면 활동지를 나누어 주고, 이를 참고하여 자기 자신의 장점은 부정적인 측면으로 적어보고, 특정인의 단점은 긍정적인 측면으로 바꾸어 적어보도록 한다.

⑦ 두 사람씩 짝을 지어서 A가 B에게 B의 성격특성을 부정적 측면으로 바꾼 단어를 감정을 넣어 실제처럼 읽어 준다. 교대로 실시하고 느낌을 발표한다.
(예: 김상병, 자네는 기생 오라비 같은 사람이다.)

⑧ 위의 활동과 마찬가지로 상대방의 긍정적인 측면으로 바꾼 단어를 서로 교대로 부드럽게 읽어준다. 그리고 느낌을 발표한다.
(예: 특정인은 합리적이고 논리적인 사람이다.)

⑨ 전체 집단원들이 모두 모여서 활동하면서의 깨달은 점을 자유롭게 발표하도록 한다.

■ **적용**

- 보통 생활을 같이 하는 분대원이나 소대원사이에 갈등관계가 생기기 마련이다. 따라서 참가자들이 같은 분대원이나 소대원들로 구성된 집단에서는 솔직한 표현도 어렵고 갈등이 심화될 수도 있기 때문에 이를 충분히 고려할 필요가 있다.

■ **유의점**

- 짝을 지어 서로 상대방에게 이야기를 하는 활동을 할 때 진지하게 하도록 분위기를 유도한다.

성격 분석표

※ 아래의 내용 중에서 자기 자신과 특정인의 성격을 잘 나타내는 것을 10가지만 골라서 ○표 하세요.

자신	성격특성	특정인
	공격적	
	말이 많은	
	독립적	
	재치 있는	
	이성적	
	목표 지향적	
	지지적	
	지배적	
	종교적	
	예의바른	
	활동적	
	복종적	
	논리적	
	감수성이 풍부한	
	경쟁적	
	불안정한	
	세속적	
	감정적	
	야망 있는	
	주관적	
	업무에 숙달된	
	의존적	
	의사결정이 빠른	
	외모에 신경을 쓰는	
	자신감 있는	
	수동적	
	리더십 있는	
	정이 많은	
	신사적	

장점과 단점

※ 자신의 성격특성을 적고 +, −를 표시한 다음에, + 측면은 부정적인 표현으로 바꾸어 적어 보세요.

자신의 성격특성	+	−	(−)로 본 성격특성
말이 많은		○	
활동적	○		겉만 번지르한
경쟁적		○	
야망 있는	○		허황된, 수단을 안가리는
의사결정이 빠른	○		가벼운, 경솔한
외모에 신경쓰는	○		기생 오라비 같은
⋮			

※ 특정인의 성격특성을 적고 +, −를 표시한 다음에, − 측면은 긍정적인 표현으로 바꾸어 적어보세요.

상대방의 성격특성	+	−	(+)로 본 성격특성
공격적		○	적극적인, 의욕적인
불안정한		○	감정에 민감한
감정적		○	정감이 풍부한
주관적		○	소신 있는, 뚜렷하고 분명한
의존적		○	적응력이 높은, 남의 말을 잘 듣는
⋮			

성격의 양면

성격특성	긍정적 측면(+)	부정적 측면(–)
공격적	적극적인, 의욕적인	나서기 좋아하는, 설치는
말이 많은	언변 좋은, 활동적인	수다스럽고, 잔소리가 많은
독립적	소신 있는, 자립심이 강한	독불장군인, 자기중심적인
재치 있는	센스있는, 영리한	약삭빠른, 간사한
이성적	합리적인, 논리적인	따지는, 냉정한
목표 지향적	목표가 분명한, 미래지향적인	피도 눈물도 없는, 과욕적인
지지적	협조적인, 도와주는	줏대가 없는, 아부하는
지배적	소신있는, 자신있는	고집불통인, 독재적인
종교적	안정되고 신념 있는, 믿음있는	비현실적인, 맹신적인
예의바른	공손한, 매너좋은	눈치보는, 거만한, 오만한
활동적	의욕적인	겉만 번지르르한
복종적	규범을 잘 지키는, 협조적인	수동적인, 의타적인
논리적	이성적인, 객관적인	따지는, 챙기는
감수성이 풍부한	감수성이 높은	변덕이 심한, 신경질적인
경쟁적	의욕적인, 적극적인	설치는, 투쟁적인
불안정한	감정에 민감	한마음이 잘 바뀌는, 소심한
세속적	적응성이 좋은, 소탈한	저속한, 속물적인
감정적	정감이 풍부한	다혈질적인, 변덕적인
야망있는	꿈이 많은, 야망과 패기가 있는	허황된, 수단을 안 가리는
주관적	소신있는, 뚜렷하고 분명한	독선적인, 남의 이야기를 안 듣는
업무에 숙달된	일을 잘하는, 능력 있는	일밖에 모르는
의존적	적응력이 높은, 남의 말을 잘 듣는	마음이 약한, 복종적인
의사결정이 빠른	신속하고 정확한	가벼운, 경솔한
외모에 신경을 쓰는	깨끗하고 깔끔한	기생 오라비 같은
자신감있는	소신있는, 자신만만한	나서기 좋아하는, 자기 본위의
수동적	규범에 잘 따르는	복종적인, 의존적인
리더십있는	지도력있는, 능력있는	강압적인
정이 많은	따뜻한	흐리멍텅한
신사적	예의범절이 바른, 깨끗한	거리감을 느끼게 하는, 거만한

8. 3차원의 나

■ 활동내용

잡지나 신문에서 자신의 과거, 현재, 미래의 모습을 잘 나타내는 그림이나 사진 글씨 등을 찾아서 자기를 표현해 보고 소개하는 활동이다. 주로 글이나 말로 표현하다가 시각화된 이미지로 표현하기 때문에 신선함을 주고, 말주변이 없는 장병들도 쉽고 다양하게 자신을 표현할 수 있도록 해 준다.

■ 기대효과

- 자신의 지난 삶을 되돌아보고 현재의 삶의 모습을 안다.
- 자신의 중요한 욕구를 파악할 수 있다.
- 미래의 삶의 방향을 구상해 볼 수 있다.
- 쉽고 다양하게 시각화된 이미지 표현을 통해 자기를 표현해 볼 수 있다.

■ 준비물

4절지, 다양한 잡지, 신문, 가위, 풀, 크레파스, 사인펜, 색연필, 음악CD

■ 진행과정

① 음악을 들으면서 5분 정도 맨손체조 등 몸 이완 동작을 한다.

② 지도자는 조용히 눈을 감고 조용히 생각해 볼 수 있는 시간을 가져보도록 한다. "이제 여러분들은 잠시 동안 여러분 자신에 대해 생각해 보도록 하겠습니다. 여러분들은 20~24년 동안 여러분들은 각자의 삶을 살아왔습니다. 각자 태어난 곳도 다르고 가족이나 생활환경 모두 정말 다른 곳에서 성장하였습니다. 여러분들의 유년기를 잠깐 동안 떠올려 보십시오. 한 살, 두 살, 네 살, 여섯 살, 일곱 살……. 어떤 이미지가 떠오릅니다. 그리고 나서 초등학교 시절의 여러분들……. 어떤 아이였습니까? 어떤 이미지로 표현할 수 있을까요? 중학교 고등학교 때의 여러분들은 어떤 청소년이었습니까? 그 당시의 여러분들을 어떤 이미지로 표현할 수 있을까요? 그리고 그 이후부터 군에 오기까지의 여러분들의

생활모습도 떠올려 보시기 바랍니다. 요즘의 여러분들의 삶은 어떤 이미지로 표현할 수 있을까요? 이제 여러분들은 앞으로 어떻게 살고 싶습니까? 여러분들의 삶을 어떤 모습으로 그려볼 수 있을까요? 여러분들의 미래의 삶에서 중요한 가치와 이루고 싶은 것들을 떠올려 보기 바랍니다."

③ 명상작업이 끝나면, 잡지나 신문들을 활용하여 자신이 떠올려졌던 모습들과 비슷한 이미지를 찾아 4절지에 오려 붙이고, 크레파스와 사인펜 등을 이용하여 표현해 보도록 한다. (30분~40분)

④ 되도록이면 어떤 제한을 두지 말고 시간 계열이나 지면 활용 등을 자유롭게 할 수 있도록 하고 질문에 대해서도 '하고 싶은 대로 하라'고 하여 각자 창의적으로 표현할 수 있도록 한다.

⑤ 표현이 다 끝나면 인접해 있는 집단원끼리 8~10명 정도로 소집단을 구성한다. 이때 분대원들이 고르게 소집단에 배정될 수 있도록 한다.

⑥ 소집단원들이 모두 볼 수 있도록 자기가 표현한 것을 발표하도록 한다.

⑦ 발표가 끝나면 소감 나누기를 하고 지도자가 활동을 마무리한다.

"모두 창의적으로 자기 자신의 과거, 현재, 미래 즉 3차원을 표현해보는 시간을 가졌습니다. 잡지나 신문에서 오렸지만 시각적인 이미지로 보니, 100번 말로 듣는 것보다 더 많이 이해가 되는 것 같습니다. 오늘 이 활동을 통해 여러분에게 강조하고 싶은 것은 우리의 3차원이 달라질 수 있다는 것입니다. 현재의 내가 달라지면 과거도 달라진다고 합니다. 즉 현재가 만족스러우면 과거의 기억들도 힘들고 어려웠던 때가 아니라 기쁘고 행복했던 때가 더 많이 떠오른다고 합니다. 미래도 현재의 내가 어떻게 생각하느냐가 많이 좌우를 하겠지요. 현재가 암울하면 미래도 암울해지기 마련입니다. 활동을 끝낸 이 시점을 계기로 또다시 여러분들의 3차원의 모습이 더 행복하고 희망적이기를 바라는 마음입니다."

■ **적용**

- 소개하는 활동이 다 끝나면, 벽면에 모두 전시하도록 하여 전체 소대원들이 모두 볼 수 있게 한다. 또한 이에 대한 소감을 적게 하거나 쪽지를 자유롭게 붙이도록 하여 발표한 소집단이 아닌 소대원들에게도 관심을 가지게 한다.

- 4절지를 4등분하여 과거의 나, 현재의 나, 꼭 이루고 싶은 일, 가장 소중한 사람 등 주제를 한정지어서 표현하게 할 수도 있다.

■ 유의점

- 여러 가지 잡지 등 준비물을 다양하게 준비하는 노력이 필요하다.
- 명상멘트를 할 때는 지도자가 천천히 진행하여 생각할 수 있는 시간을 충분히 준다.
- 잡지에 흥미로운 기사거리를 발견하면 읽는 데에 집중할 수도 있기 때문에, 지도자는 이에 대해 주의를 주고 자기표현 활동에 집중할 수 있도록 유도한다.

9. 가치관 경매

■ 활동내용

가치관 목록을 살펴보면서 자신이 중요하게 생각하는 인생의 가치관을 생각해 보도록 하고, 경매 게임 과정에서 자신의 추구하는 가치관을 분명하게 인식해보도록 하는 활동이다.

■ 기대효과

- 자신의 행동이나 생활에 영향을 미치는 주요한 가치관을 확인해 본다.
- 다른 사람의 가치관을 접하게 되어 개인마다 가치관이 다름을 이해하게 된다.
- 자신의 가치관을 분명히 인식하고 가치 실현을 위한 의지를 내면화하도록 한다.

■ 준비물

가치관 목록표, 가치관 항목 카드, 모조화폐 10만원권 20매(인원수만큼), 교환용 만원권 100매(지도자용), 필기구, 활동지

■ 진행과정

① 가치관 목록표를 나누어 주고, 자신의 중요하게 여기는 가치관을 살펴보도록 한다.

② 모조화폐를 나누어 주고, 가치관 경매활동에 대해 설명하면서 구입할 목록에 대해 200만원 내에서 예산을 짜도록 한다.

③ 지도자는 가치관 항목이 적혀 있는 카드를 하나씩 제시하면서 경매를 시작한다. 세 번 부를 때까지 경쟁자가 나타나지 않으면 그 값을 부른 사람에게 낙찰되며, 가치관 항목카드는 모조화폐를 받고서 지급한다.

④ 가치관 경매가 끝나면 가치관 활동지를 작성하도록 한다.

⑤ 분대별로 모여서 가치관 활동지의 내용 및 가치관 경매 소감을 발표하도록 한다.

⑥ 전체 소대원이 모여서 분대별로 1인씩 분대원들의 소감을 요약해서 이야기하도록 한다.

⑦ 다음의 멘트를 하며 활동을 정리한다.

"가치관 경매를 통해 자신이 구매하려고 했지만 구매하지 못한 경우도 있었고, 그 반대로 구매하고 싶지 않았지만 하나라도 사야 될 것 같아서 구매를 하게 되는 경우도 있었습니다. 예산을 계획한 대로 구매가 안 되어서 안타까운 전우도 있는 것 같습니다. 이 과정들을 통해 우리는 자신이 또는 전우들이 어떤 가치를 중요하게 여기고 소중하게 여기는지 알아보는 기회가 된 것 같습니다. 살아가면서 어떤 가치들을 추구하느냐 하는 것은 우리 삶의 만족도나 질적인 차원에 매우 많은 영향을 줄 것입니다. 오늘이 계기가 되어 여러분의 삶에서 중요한 가치들에 대해 계속해서 더 깊이 생각해 볼 수 있었으면 좋겠습니다."

■ 적용

- 진행 시간을 고려하여 모조화폐를 주고받는 것은 생략할 수 있다.

■ 유의점

- 지도자는 경매를 부칠 때 흥을 돋을 수 있도록 한다.
- 경매에 대해 잘 모르는 사람들에게는 납득할 수 있도록 충분히 설명한다.

아래 가치관 목록표에 있는 항목들에 대한 예산을 세워봅시다.

가 치 항 목	예 산	낙찰금액	낙 찰 자
매력있고 따뜻하며 능력있는 여성과 결혼			
뛰어난 리더십			
이목구비가 뚜렷하고 잘 생긴 외모			
넓고 풍부한 지식과 상식			
모남이 없는 좋은 성격			
친구와의 진실한 우정			
신실한 신앙심			
주위 사람들과 원만한 관계 유지			
사회적인 지위와 명예 및 권력			
일생을 보장하는 경제적 안정			
능력을 인정받는 삶			
설득력있는 화술			
솔로몬과 같은 삶의 지혜			
결혼해서의 행복하고 화목한 가정			
매순간 최선을 다하는 삶			
형제, 자매, 친척과의 우애			
사랑하는 사람들의 건강과 안전			
즐겁고 신나며 행복한 생활			
남을 위해 희생하고 봉사하는 삶			
창의적이고 뛰어난 지능			
모든 것을 할 수 있다는 자신감			
부모님의 건강과 효도			
융통성있는 사고방식			
취미개발과 여가생활			
긍정적인 사고			
겸손함			
도전의식을 가지고 진취적으로 사는 것			
유머감각			

가치관 경매가 모두 끝났습니다. 원하는 항목을 얻었습니까?

◉ 구입한 총 가치항목 내역

◉ 가장 비싸게 산 항목

◉ 가장 싸게 산 항목

◉ 구입한 가치항목 가운데 가장 뿌듯한 항목과 그 이유

◉ 꼭 사고 싶었으나 사지 못한 항목과 그 이유는?

◉ 종합해 볼 때 당신은 어떠한 가치에 최상의 의미를 부여하였습니까? 그리고 그 이유는?

3장

감정관리 프로그램

■ **목표**

자신의 감정을 인식하고 표현하는 활동을 통해 내면에 쌓여있던 감정을 표출하고 정화되는 경험을 할 수 있다. 또한 이러한 과정에서 자기 입장에서 벗어나 다른 시각에서 자신의 정서적 경험을 재인식할 수 있으며, 타인의 감정을 수용하고 공감하는 능력을 향상시킬 수 있다.

■ **중점사항**

- 자연스럽게 개방할 수 있는 편안한 분위기 조성
- 억눌렸던 감정 인식 및 표현
- 감정 인식 및 조절 능력 향상
- 수용적인 태도와 공감반응 확대

■ **프로그램**

1. 그 때 듣고 싶었던 말
2. 잊혀지지 않는 일
3. 마음 속 아버지, 어머니와의 대화
4. 분노 다스리기
5. 가족사진 찍기
6. 지우고 싶은 생각
7. 떠오르는 사람들

1. 그 때 듣고 싶었던 말

■ 활동내용

힘들었던 경험을 떠올려 보도록 하여 그러한 경험에서 상대방에게 먼저 하고 싶은 이야기를 하도록 한다. 그런 다음 그 상황에서 상대방에게 듣고 싶었던 말을 떠올려 집단원이 상대방이 되어 듣고 싶어 하는 말을 해준다. 이러한 활동을 통해 자신의 힘들었던 경험을 자연스럽게 개방하고 미해결 감정을 인식하게 되며, 억눌렸던 감정이 정화되는 경험을 하게 된다.

■ 기대효과

- 자기 내면의 미해결된 감정을 자각하고 해소할 수 있다.
- 자기의 입장에서 벗어나 상대방의 입장이나 다른 시각에서 자신의 경험을 재인식할 수 있다.
- 다른 사람의 감정을 공감할 수 있다.
- 표현의 중요성을 알게 한다.

■ 준비물

활동지, 필기구

■ 진행과정

① 살아오면서 힘들었던 경험들을 떠올려 보도록 한다.

"살아오면서 우리는 다양한 경험을 하게 됩니다. 재미있고 행복했던 순간들도 있지만 힘들고 어려운 경험을 하기도 합니다. 지금부터는 여러분들이 가장 힘들고 어려웠던 때로 돌아가보도록 하겠습니다. 그 때를 한번 자세하게 떠올려 보시기 바랍니다. 그 때는 어떤 상황이었습니까? 주위에는 누가 있었습니까? 혼자였습니까? 어떤 경험을 하였습니까? 그 때의 심정은 어떠합니까? 그때 누군가에게 표현하지 못했던 말은 무엇입니까? 혹은 표현하고 싶었던 말을 무엇입니까? 뭐라고 말하고 싶습니까? 그리고 그 대상에게 듣고 싶은 말은 무엇입니까? 한번 떠올려 보시기 바랍니다."

② 활동지에 떠올렸던 내용들을 자세하게 작성해 보도록 한다.

③ 8~10명 정도의 소집단으로 구성하고 그 중에 분대장을 보조 진행자로 지정하여 진행한다.

④ 한 사람씩 그 상황과 그때의 심정에 대해서 이야기하도록 한다. 그리고 소집단 구성원 중에 그 대상과 가장 유사한 사람이 상대가 되도록 하여 그 집단원에게 하고 싶은 말을 먼저 하도록 한다.

⑤ 충분히 표현을 했는지 의사를 확인한 후 상대역이 다시 이번에는 듣고 싶어하는 말을 하여 준다. 실감나게 그 심정이 되어서 여러 번 반복해서 들려준다.

⑥ 집단원과 상대역, 그리고 지켜보았던 집단원들의 생각이나 느낌을 이야기하도록 한다.

⑦ 모든 소집단원의 활동이 마치면 전체 소대원들이 모두 모여서 소집단별 대표 한 명이 소집단 활동 및 소감을 발표한다.

■ 적용

• 집단원들의 특성에 따라서 가족 내에서 혹은 군대에서, 군대 오기 전 등 상황을 제한적으로 두어서 떠올려 보도록 할 수 있다.

■ 유의점

• 상대의 감정에 몰입할 수 있도록 진지하고 공감적인 분위기를 형성하는 것이 중요하다. 따라서 집단의 초반보다는 중반 이후에 집단원들에 대한 신뢰와 친밀감이 쌓인 상태에서 진행하는 것이 좋다.

• 점차 감정이입과 몰입 수준이 높아지기 때문에 처음에 그렇지 못하더라도 진지하게 진행한다.

그 때 떠올리기

⊙ 언제였나?

⊙ 주변상황은?

⊙ 그 상황에서 표현하고 싶었던 말이나 표현하지 못했던 말

⊙ 내가 진정으로 대상에게 듣고 싶었던 말이나 심정

⊙ 지금 그 때의 자기에게 해주고 싶은 말

2. 잊혀지지 않는 일

■ 활동내용

어린 시절의 기억에 남는 가장 행복했던 일과 가장 힘들었던 일을 기억하여 그 장면을 그림으로 그리도록 한다. 그런 다음 그림을 집단원들에게 소개하고 서로 공감적인 반응을 해준다.

■ 기대효과

- 자기 내면의 미해결된 감정을 자각하고 해소할 수 있다.
- 다른 사람의 입장에서 감정을 공감할 수 있다.
- 누구나 어려운 일이 있었다는 동질감을 갖게 한다.

■ 준비물

4절지, 크레파스, 물감

■ 진행과정

① 살아오면서 가장 행복했던 일과 가장 힘들었던 일을 떠올려 보도록 하여 4절지에 그 때의 장면을 각각 그려보도록 한다. 구체적인 장면을 그려도 되고 그 때를 상징할 수 있는 물건을 그려도 된다.

② 분대별로 소집단을 구성하고, 분대장이 보조 진행자 역할을 하도록 하여 분대별로 활동하도록 한다.

③ 먼저 힘들었던 일에 대해서 한 사람씩 그림을 들고 그 때의 경험을 이야기하도록 한다. 이 때 그 당시의 기분에 초점을 맞추어 이야기할 수 있도록 한다.

④ 지도자는 분대를 돌아다니면서 공감적인 반응을 해 주고, 다른 집단원들도 비슷한 경험이 있는 사람들이 있으면 그 때의 기분을 중심으로 이야기 하도록 하며 집단원들도 공감적인 반응을 할 수 있도록 분위기를 조성한다.

⑤ 모든 분대원이 힘들었던 일에 대한 발표가 끝나면 다음에는 행복했던 일에 대해 발표해 보도록 한다. 지도자는 같은 맥락으로 공감적인 반응을 한다.

⑥ 발표가 다 끝나면, 어느 집단원의 이야기가 마음에 남는지, 그림을 그리거나 발표하는 동안의 느낌이나 생각들도 발표해 보도록 한다.
⑦ 전체 소대원들이 모두 모여서 분대별로 1인씩 분대 내 활동에 대해 요약하고 소감을 발표하도록 하여 마무리한다.

■ 적용

- 힘들었던 일을 먼저 발표하고 행복했던 일을 나중에 발표하게 한 것은 긍정적인 느낌으로 활동을 마무리할 수 있도록 그 순서를 구성한 것이다. 지도자가 생각하는 프로그램의 목적이나 방향에 맞게 발표 순서를 다르게 시도해 볼 수 있다.

■ 유의점

- 지도자는 떠올려진 기억들에서 그 때의 감정을 충분히 이야기 할 수 있도록 수용적이고 공감적인 반응을 보이며 서서히 진행하도록 한다.
- 그림을 그리는 활동은 그 때의 상황을 보다 구체적으로 떠올리도록 하고 감정몰입을 위해서이다. 따라서 그림그리는 활동에 치중하여 발표 및 집단원들간의 상호작용 시간을 소홀히 하지 않도록 시간을 잘 배분한다.

3. 마음 속 아버지, 어머니와의 대화

■ 활동내용

명상을 통해 아버지, 어머니의 모습을 떠올려 보도록 한다. 그리고 살아오면서 아버지나 어머니에게 하지 못했던 말이나 하고 싶었던 말을 떠올려 글이나 그림으로 표현해 보고, 집단원들에게 발표하는 활동이다. 어릴 적부터 마음속에 남아있는 부모의 모습은 여러 가지 감정을 느끼게 한다. 감사함도 있지만 서운함, 미안함, 부담감, 미움, 안타까움 등등……. 따라서 이 작업은 기억 속에 부모에 대한 감정들과 화해하는 작업이다.

■ 기대효과

- 부모에 대한 감정을 자각하고 표현할 수 있다.
- 부모에 대한 미해결 감정을 정화할 수 있다.
- 집단원들과 동질감을 느낄 수 있다.
- 서로에 대해 개방하고 이해하게 됨으로써 친밀한 관계가 형성된다.

■ 준비물

색연필, 크레파스, 종이 필기구

■ 진행과정

① 약 5분 정도 충분히 몸을 이완할 수 있도록 맨손체조 및 이완 동작을 한다.

② 모두 편안한 자세로 앉도록 하여 긴장을 풀고 눈을 감도록 한다.

③ 지도자가 집단원들의 반응을 살피면서 천천히 명상멘트를 하도록 한다. 명상과정에서 감정이 살아나는 집단원이 있으면 충분히 그 감정에 머무를 수 있도록 천천히 진행하도록 한다.

④ 명상이 끝나면 조용히 눈을 뜨고 말없이 떠올려진 내용들을 글이나 그림으로 표현해 보도록 한다.

⑤ 떠올려진 내용들과 작업시의 생각이나 느낌들을 분대별로 소집단을 구성하도

록 하고 소집단별로 서로 발표하도록 한다. 진행은 분대장이 한다.

⑥ 진행자는 편안하게 발표하도록 하면서 부모님과의 대화내용 및 그 맥락에 대해서 설명할 수 있도록 한다. 지도자가 분대별 발표내용을 들으면서 판단이나 평가없이 자신이 느끼고 생각했던 것들을 그대로 표현할 수 있도록 공감적 반응을 해주고 진행자에게 이러한 태도를 익힐 수 있도록 한다.

■ 적용

- 아버지와 어머니를 떠올리기 전에 호수와 꽃을 떠올려 보도록 한 것은 순차적으로 더 몰입할 수 있도록 고려한 것으로 이와 같은 순서로 하는 것이 감정 몰입에 효과적이다.
- 감정몰입이 될 수 있는 늦은 오후나 저녁 시간에 진행하는 것이 효과적이기 때문에 이를 고려하여 전체 프로그램을 구성할 필요가 있다.

■ 유의점

- 충분히 몸이 이완될 수 있도록 한다.
- 지도자는 집단원들이 감정에 몰입할 수 있도록 조용한 분위기를 조성하고 천천히 명상멘트를 한다.
- 지도자는 진행자가 집단원들이 느끼는 감정에 대해서 판단하거나 평가하지 않고 그대로 들어주고 공감적인 반응을 해주도록 강조할 필요가 있다. 교훈 식의 조언이나 충고는 오히려 이러한 작업을 방해한다는 것을 염두에 두어야 한다.

마음 속 아버지 어머니와의 대화 명상멘트

"모두 몸을 편안히 하기 바랍니다. 마음은 호흡에 집중하기 바랍니다. 들이쉴 때 하나 내쉴 때 둘, 하나 둘……. 계속 마음을 호흡에 집중하면서 제가 이끄는 대로 떠올려 보기 바랍니다.

먼저 호수를 한번 떠올려 보시기 바랍니다. 호수를 자세히 떠올려 보도록 하겠습니다. 그 호수는 지금 어디에 있습니까? 그 호수 주위에는 무엇이 있습니다. 호수의 크기는 어떠합니까? 모양은 어떤 모양입니까? 호수의 물색깔은 어떻습니까? 깊이는 어떻습니까? 그 호수에는 어떤 생물체가 살고 있습니까? 호수가 다 떠올려졌으면 그 호수를 들여다보기 바랍니다. 그 호수를 가만히 들여다보고 있으니 호수가 여러분에게 뭔가 하고 싶어하는 이야기가 있습니다. 그 이야기를 잘 들어보기 바랍니다. 이야기를 듣고 있으니 여러분도 그 이야기를 듣고 호수에게 하고 싶은 이야기가 있습니다. 호수에게 여러분이 하고 싶은 이야기를 해 보십시오. 여러분의 이야기가 끝났으면 조용히 호수를 보내십시오.

이번에는 여러분이 가장 좋아하는 꽃을 한 가지만 떠올려 보기 바랍니다. 그 꽃은 어떤 꽃 입니까? 한 송이입니까? 여러 송이로 된 꽃입니까? 주변에는 어떤 것들이 있습니까? 꽃의 모양은 어떠합니까? 가지가 있고, 잎이 있는 그런 꽃입니까? 어떤 꽃입니까? 꽃의 크기는 어떠합니까? 꽃의 색깔을 어떻습니까? 꽃의 상태는 싱싱합니까? 어떠합니까? 꽃이 다 떠올려졌으면 한 번 그 꽃을 가만히 들여다보기 바랍니다. 그 꽃을 가만히 들여다보고 있으니 그 꽃이 여러분에게 뭔가 하고 싶어 하는 이야기가 있는 것 같습니다. 그 이야기를 한번 잘 들어보기 바랍니다……. 그 꽃의 이야기를 듣고 있으니 여러분도 그 꽃에게 하고 싶은 이야기가 있습니다. 꽃에게 하고 싶은 이야기를 해보기 바랍니다. 내 이야기가 다 끝났으면 이번에는 조용해 꽃을 보내십시오.

보낸 자리에 이번에는 아버지를 떠올려 보겠습니다. 돌아가신 분은 살아계실 때의 모습이나 지금 하늘에 계신 아버지의 모습을 떠올려 보기 바랍니다. 아버지의 얼굴을 자세히 떠올려보십시오. 아버지의 이마, 눈 코 입, 뺨과 턱, 아버지 얼굴 전체의 모습이 떠올려졌으면 아버지의 눈을 가만히 들여다보기 바랍니다. 아버지 눈을 가만히 들여다보고 있으니 아버지에게 하고 싶은 이야기가 떠오릅니다. 지금까지 살면서 아버지에게 하고 싶은 말을 해보기 바랍니다. 하고 싶었지만 차마 못했던 말을 지금 충분히 해보기 바랍니다……. 아버지가 여러분의 이야기를 듣고 여러분에게 하고 싶은 이야기가 있는 것 같습니다. 그 이야기를 잘 들어보기 바랍니다. 아버지가 여러분에게 하는 이야기를 잘 들어보기 바랍니다. 아버지의 이야기가 다 끝났으면 이번에는 조용히 아버지를 보내십시오.

보낸 자리에 이제는 어머니를 떠올려 보도록 하겠습니다. 돌아가신 분은 살아계실 때의 모습이나 지금 하늘에 계신 어머니의 모습을 떠올려 보기 바랍니다. 어머니의 얼굴을 자세히 떠올려보십시오. 어머니의 이마, 눈 코 입, 뺨과 턱, 어머니 얼굴 전체의 모습이 떠올려졌으면 어머니의 눈을 가만히 들여다보기 바랍니다. 어머니 눈을 가만히 들여다보고 있으니 어머니에게 하고 싶은 이야기가 떠오릅니다. 지금까지 살면서 어머니에게 하고 싶은 말을 해보기 바랍니다. 하고 싶었지만 못했던 말을 지금 충분히 해보기 바랍니다……. 어머니가 여러분의 이야기를 듣고 어머니도 여러분에게 하고 싶은 이야기가 있는 것 같습니다. 어머니가 여러분에게 하는 이야기를 잘 들어보기 바랍니다. 어머니의 이야기를 충분히 들었으면 조용히 어머니를 보내십시오. 그리고 조용히 눈을 뜨기 바랍니다.

4. 분노 다스리기

■ 활동내용

자신의 분노 상황 및 방법을 자세하게 떠올려 봄으로써 자신의 분노표현 방법에 대해 자각할 수 있도록 한다. 또한 효과적인 분노표현 방법에 대해 설명하고 직접적으로 효과적인 분노표현 방법들을 실습해 본다. 이러한 과정을 통해 생활에서 자신에게 적용할 수 있는 효과적인 분노표현 방법을 찾아 익힐 수 있도록 하는 활동이다.

■ 기대효과

- 자신의 분노 상황을 떠올려보고 자신의 분노표현 방식을 자각한다.
- 효과적인 분노표현 방식을 이해할 수 있다.
- 자신이 실천할 수 있는 효과적인 분노표현 방법을 학습한다.

■ 준비물

분노상황 활동지, 필기구

■ 진행과정

① 분노상황 활동지에 분노했던 경험들을 작성해보도록 한다. 분노상황에 대해서 활동지의 내용대로 구체적으로 기술해 보는 것도 자신의 반응 및 행동을 자각할 수 있도록 돕기 때문에 어렵지만 구체적으로 표현해 보도록 독려한다.

② 지도자는 분노표현 방식을 설명하고, 집단원들이 자신이 작성한 활동지 내용을 요약하면서 어디에 속해 있는지 이야기 해보도록 한다.

③ 효과적인 분노표현 방법들을 설명하고 실습한다. "일상적으로 누구나 분노를 느끼게 됩니다. 그냥 자기 방식대로 표현해 왔는데 이왕이면 분노표현의 달인형이 되면 좋을 것 같습니다. 효과적인 분노표현 방법을 구체적으로 익혀보기로 합시다."

④ 우선 신체반응 바꾸기에 대해서 설명을 하고 모두 따라하도록 한다.

⑤ 생각 바꾸기에 대해서 설명을 하고 실습해 본다. A B C 모델에 대해 설명을 하

고 나서는 분노상황 활동지에서의 화나는 상황에서의 생각을 합리적인 생각으로 바꿔보는 실습을 같이 해보고 발표하게 한다.

⑥ 행동 바꾸기와 함께 '분노의 달인형처럼 이야기를 하려면'을 설명한다. 실습은 두 명에서 4명 정도의 지원자를 받아서 지원자가 작성한 분노상황에서 어떻게 적용할 수 있을지를 집단원들이 같이 토의해 보도록 한다.

⑦ 효과적인 분노표현 방법의 실천을 강조하며 마무리한다.

■ 적용

- 이 프로그램은 지도자가 효과적인 분노표현 방법들을 모두 숙지하고 일상에서도 익숙하게 활용하고 있을 때에 보다 효과적으로 전달할 수 있기 때문에 미리 지도자는 효과적인 분노표현 방법을 익히고 자신에게도 적용하여 볼 필요가 있다.
- 효과적인 분노표현 방법 중 자기에게 더 적절한 방법을 찾아서 일상생활에서의 실천을 강조할 필요가 있다.

■ 유의점

- 실습을 통해 익히는 것이 중요하기 때문에, 지도자는 분노표현 방법들에 대해 설명으로 그치지 말고, 각각의 방법에 대한 소개가 끝나면 바로 실습해보도록 하여 집단원들이 익힐 수 있도록 한다.

분노상황 활동지

⊙ 분노상황을 떠올려서 기록해보세요.

	화가 난 상황	무슨 생각이 났는지?	어떻게 행동했더라?	화를 낸 후의 반응(효과)은?
상황 1				
상황 2				
상황 3				

분노표현 방식

압력밥솥형 (참거나 삐치는 행동)	하고 싶은 얘기가 있어도 꾹 눌러 담고 참는 형입니다. 주변에서 착하다 순하다는 얘기를 들을 수도 있지만 자기 자신의 마음 속에는 불편하고 화나는 감정으로 가득차 있을 수도 있지요. 그러다가 어느 순간 한꺼번에 폭발해 버려서 자신이나 다른 사람에게 모두 감당할 수 없는 상황을 만들기도 합니다. 소화가 안 되는 등 몸이 아픈 증상(신체화)이 나타날 수도 있고요. 그러니 화가 났을 때 무조건 참는 것이 좋은 방법은 아니겠죠? 적절히 화가 난 감정을 표현할 줄 아는 것이 중요할 것입니다.
화산폭발형 (욕하고 때리는 행동)	화가 나거나 자기 마음에 들지 않는 일이 생겼을 때 참지 못하고 버럭 화를 내는 유형입니다. 마치 화산이 폭발하듯이 감정도 폭발하는 거죠. 그러면 상대방도 함께 화가 나거나 당황할 수 있겠지요? 결국 서로 감정이 상해 싸우게 되거나 원수처럼 지내기 쉬울 것입니다. 사소한 일이 괜한 오해로 번질 수도 있겠고요. 그러니 화가 났을 때 자신의 마음을 가다듬고 한꺼번에 폭발하는 일은 조심하는 것이 좋겠지요.
분노의 달인형 (분노를 잘 조절하고 통제)	화가 나는 일이 있어도 적당히 잘 조절해서 상대방에게 표현하고 너무 내가 많이 참았다 싶으면 적당한 선에서 화난 감정을 말할 줄도 아는……. 분노를 잘 조절할 줄 아는 분노의 달인이 된 유형입니다. 스스로의 감정을 잘 조절할 줄 알기 때문에 다른 사람을 놀라게 하거나 오해가 생기기 않게 할 줄 알고 스스로도 불쾌한 감정이 쌓이지 않게 되겠지요. 분노의 달인이 되려면 화가 났을 때 좀 참을 줄도 알고 자신의 억울함이나 화를 적절히 표현할 줄도 아는 고도의 스킬이 필요하겠지요.

분노 관리의 방법

1. 신체반응 바꾸기

⦿ 심호흡법

: 숨을 천천히 들이쉬고 내쉬고를 반복한다.

⦿ 거꾸로 숫자세기 기법(혹은 구구단 외우기)

: 조용히 눈을 감고 100부터 거꾸로 숫자를 센다.

: 구구단 하나에 약 1-2초 정도 걸리도록 구구단을 외운다.

⦿ 긴장된 근육 이완시키기

: 주먹을 꽉 쥐었다 폈다를 반복한다.

: 목을 돌리며 긴장을 푼다.

: 가볍게 몸을 두드리면서 긴장된 근육을 풀어준다.

⦿ 즐거운 상상기법

: 가장 즐겁고 편안했던 장면을 떠올려보도록 한다.

⦿ 회고 목록 기법(reminder-자신에게 "침착해!"라고 말하기)

: 자기만의 언어로 화나는 상황에서 스스로에게 할 수 있는 말을 떠올려 속으로 혹은 작은 목소리로 되뇐다.

2. 생각 바꾸기

화난 이유를 생각하기

1) 화가 날 수 있다는 것을 인정하고 받아들인다.

2) 화가 난 이유를 차분히 생각해 본다.

3) 화나게 한 잘못된 생각이 무엇인지 곰곰이 생각해본다.

4) 화나게 하는 생각을 합리적 생각으로 바꾼다.

※ 일반적으로 우리는 나를 화나게 만드는 사건이나 사람(A) 때문에 내가 화가(C)난다고 생각합니다.

(A) ⟹ (B)
예) 누가 나를 밀었다. 화가 난다.

그러나 더욱 정확한 과정을 다음과 같습니다.

(A) ⟹ (B) ⟹ (C)
예) 누가 나를 밀었다. 인간이 이러면 안 된다. 화가 난다.
상대방이 나를 무시한다.

즉 같은 사건(A)이 같은 감정(C)을 가져오는 것은 아닙니다.
나의 감정(C)은 사건에 대한 나의 생각(B)에 따라 달라질 수 있습니다.

☞ 화나는 상황 활동지에서의 화나는 생각을 합리적 생각으로 바꿔보도록 한다.

화나는 생각 =〉 (비합리적인 생각)	쿨한 생각 (합리적 생각)

3. 행동 바꾸기

1) 나의 행동반응을 변화시키기
예) 바람을 쐬러 나간다.
친구들과 운동한다.

음악을 듣는다.

주위 사람에게 어려움을 이야기한다.

2) 다른 사람과의 관계 속에서 변화시키기

(1) 화난 감정을 전달하기

-나를 주어로 해서 표현하기

예) 김일병! 너 왜 시키는 일 똑바로 안하냐? 짜증나 죽겠다.

=> 김일병! 네가 일을 제대로 안하는 것처럼 보여 내가 짜증난다.

예) 너는 약속을 왜 그렇게 안 지키냐? 사람 무시 하냐?

=> 네가 약속을 자주 안 지키니 나를 무시하는 것 같다.

(2) 입장 바꿔 생각하기

3) 상대방 입장 들어보기

〈분노표현의 달인형처럼 이야기를 하려면〉

1) 나의 생각이 정말 옳은지 다시 한 번 생각해 본다.

2) 어느 정도 자기주장을 할지 생각한다. 그리고 다음의 순서로 이야기 한다.

① 상황을 이야기 한다.

② 상대의 잘못된 행동을 말한다.

③ 한편으로 상대의 생각이나 의견에 공감을 표시한다.

④ 그에 대한 자신의 감정을 말한다.

⑤ 어떻게 하면 좋은지를 이야기한다.

3) 이야기한 결과를 살펴본다.

① 내 이야기대로 되었다면 스스로 축하하고 상대에게도 감사한다.

② 해결이 되지 않았다면 주장을 반복하거나 적절한 수준에서 수용하고 넘긴다.

5. 가족사진 찍기

■ 활동내용

가족들을 떠올려 보고 지원자를 받아 집단원들이 가족 구성원이 되어 포즈를 취하고 가족사진을 찍는 활동이다. 또한 가족 구성원 중에 편지를 쓰고 싶은 사람에게 편지를 써보도록 한다. 가족 내에서의 자신의 위치와 가족에 대한 느낌을 정리할 수 있고 갈등관계에 있는 가족 구성원과도 해결 방향을 생각해 볼 수 있는 활동이다.

■ 기대효과

- 가족들에게 느꼈던 정서를 생생하게 떠올릴 수 있다.
- 가족 관계에서의 자신을 이해할 수 있도록 해 준다.
- 가족 내 갈등에 대해 이야기하고 해결방향을 모색할 수 있다.
- 소대원들에게 자신의 가족에 대해 자연스럽게 개방하면서 서로에 대한 이해가 깊어진다.

■ 준비물

음악CD, 사진기, 편지지, 필기구

■ 진행과정

① 음악을 들으면서 가족들을 한번 떠올려 보도록 한다.

② 활동을 대략적으로 설명하고, 집단원 중에 자신의 가족사진을 찍고 싶은 사람을 지원 받는다.

③ 지원자는 집단 앞으로 나와서 소대원들을 이용하여 자신의 가족사진을 구성한다. 먼저 자신의 가족들을 떠올리고, 집단에서 누가 가족 구성원들의 각각의 역할을 맡을 것인지 가족들과 가장 느낌이 유사한 사람을 선택하여 정한다.

④ 어떤 장면인지 가족들은 왜 이러한 포즈를 취하고 있는지 간단히 설명을 하도록 한 후에 정해진 집단 구성원들은 모두 앞으로 나와서 지원자가 이야기 하는 대로 가족 구성원들의 포즈를 취한다. 구성원간 거리나 위치는 현재 가족에서

받는 느낌대로 서로의 심리적 거리를 중심으로 배열하도록 하고 얼굴표정이나 손동작 등에 대해서도 구체적으로 설명해서 이에 따른 포즈를 취하도록 한다. 지도자는 가족 구성원들의 포즈가 원하는 대로 되었는지 확인 후에 마지막으로 사진 속 지원자의 위치를 잡도록 한다.

⑤ 집단 구성원 중에 사진사를 지원받아 직접 사진을 찍도록 한다. 사진을 확인하여 보고, 소감을 이야기 한다. 사진기가 없을 때는 사진을 찍었다고 생각한 후에 다른 누군가가 지원자의 포즈를 취하도록 하고 사진대형 밖으로 나와서 가족들의 포즈를 본 후에 소감을 이야기 하도록 한다. 이때에 평상시 가족에게 느꼈던 감정은 어떤 것이었는지 가족 구성원 중 가장 가까운 가족이나 멀게 느껴지는 가족들은 누구인지 왜 그런지 등을 이야기하도록 한다.

⑥ 가족 구성원으로 참가했던 집단원들도 소감을 이야기해서 지원자가 가족 구성원의 입장에 대해 이해할 수 있도록 한다.

⑦ 몇 명의 지원자를 더 받아 같은 절차로 가족사진을 더 찍은 후에 자신의 가족사진 속에 한 인물을 정하여 편지를 쓰도록 한다. 가족사진을 직접 찍지 못한 경우에는 자신의 가족 중 한 사람을 떠올린 후에 편지를 쓰도록 한다.

⑧ 편지를 모두 작성한 후에는 분대별로 모여서 순서대로 왜 그 가족에게 편지를 썼는지 등을 설명하고 편지의 내용을 간략하게 설명하도록 한다.

⑨ 설명을 들으면서 집단원들은 그 편지를 직접 전할 것인지 간직하고 있을 것인지를 같이 이야기한다.

■ **적용**

- 가족사진을 찍을 때 지원자가 오히려 사진사 역할을 하도록 하고, 지원자를 대신해줄 집단 구성원을 선택하도록 하면 객관적인 시각으로 자신의 가족 내 위치 및 가족에 대한 느낌을 느낄 수 있다.
- 또한 가족사진을 찍은 후 앞으로의 가족사진을 어떻게 변화되었으면 좋겠는지에 대해서 생각해 보도록 하고 다시 또 한 번의 가족사진을 찍게 할 수도 있다. 이러한 활동을 통해 가족 내의 갈등 이해 및 해결방향을 모색할 수 있다.

■ **유의점**

- 가족과 비슷한 느낌을 갖는 구성원을 선택하기 어려워할 때는, 신체적 특징에서의 유사함 혹은 집단 구성원들의 지원을 받아서 하도록 한다.
- 가족에 대한 이야기를 하다보면 감정이 격해 질 수도 있다. 이때 자신의 감정을 노출한 집단원이 상처를 받지 않도록 집단 전체가 따뜻하게 지지하고 격려하도록 한다.
- 시간을 충분히 확보하여 천천히 진행한다.

6. 지우고 싶은 생각

■ 활동내용

일상적인 상황에서 자주 떠오르는 자신의 부정적인 생각이 무엇인지를 살펴보고 긍정적인 생각으로 바꾸어보는 활동이다.

■ 기대효과

- 부정적인 생각이 자신의 정서와 행동에 미치는 영향을 이해한다.
- 자주 반복적으로 하는 자신의 부정적인 생각을 긍정적인 생각으로 바꿀 수 있다.
- 자신과 타인에 대한 긍정적인 관점이 개발된다.

■ 준비물

활동지, 필기구

■ 진행과정

① 활동내용을 설명한다.

"살아가면서 우리는 자신과 대화를 합니다. 어떤 때는 자신을 칭찬하고 격려하기도 하지만 어떤 때는 비난하고 격하시키기도 합니다. 여러분들은 주로 자기 자신과 어떤 내용의 대화를 하나요? 그 대화 내용과 관련하여 스스로에 대한 부정적인 생각들을 긍정적인 생각으로 바꾸어 보는 활동을 하도록 하겠습니다."

② 활동지에 자신의 부정적인 생각들을 작성하도록 한다.

③ 4명~6명씩 인접해 있는 집단원들끼리 소집단을 구성하고 어떤 상황에서 부정적인 생각들이 떠오른 것인지 자세하게 이야기 하도록 한다. 지도자는 이때 각 소집단별 활동을 지켜보면서 소집단에서서 나온 각 영역의 부정적인 생각들을 메모하여 둔다.

④ 각 소집단의 발표가 끝나면, 전체 소대원 모두 지도자를 향하도록 하고 지도자

는 메모한 것을 중심으로 부정적인 생각을 긍정적인 생각으로 바꾸어 주는 시범을 보인다.

⑤ 각자 활동지에 있는 자신의 부정적인 생각을 긍정적인 생각으로 바꾸어 보도록 하고, 바로 왼쪽에 있는 사람과 짝을 지어서 서로 바꾼 부분을 점검해 주도록 한다.

⑥ 소집단에서 긍정적으로 바뀐 부분에 대해 이야기 해 보도록 한다.

⑦ 전체 소대원이 모두 모여서 소집단별 대표 한 명이 활동한 내용을 요약해서 설명하도록 한다.

⑧ 일상에서 자신의 부정적인 생각을 긍정적인 생각으로 바꾸는 노력을 지속적으로 할 것을 당부하며 마무리 한다.

■ 적용

- 개인별로 부정적인 생각을 긍정적인 생각으로 바꾸는 것이 어렵다면 소집단이 함께 모여 각자 작성한 내용을 바꾸도록 하고 전체 소대원이 모여서 소집단의 활동내용을 소개하도록 할 수도 있다.

■ 유의점

- 지도자는 부정적인 생각을 긍정적인 생각으로 바꾸는 시범을 보일 때 실제 소대원들의 이야기를 예로 들면서 설명하도록 한다.

나의 부정적인 생각들

☞ 일상에서 자기에 대해 어떤 부정적인 생각들을 하는지 적어봅시다.
생각이 잘 떠오르지 않으면 보기를 참고합니다.

군 생활에서

보기) 내 계급이 @@라고 무시하는 것이 틀림없어!
잘해도 소용없다. 그냥 대충 살자!
나만 열심히 일하면 손해다.

가족관계에서

보기) 우리 부모님은 언제나 날 미워했어!
우리 부모님은 형만 챙기고 나에게는 관심이 없어!
우리 부모님은 나를 로봇으로 생각하고 있어!

능력과 관련하여

보기) 난 아무것도 잘하는 게 없어.
실수투성이. 정말 나는 바보다!
남들은 다 잘하는데 나만 못해!

전우관계에서

보기) 날 이해해주는 사람은 아무도 없어.
모든 사람들이 나를 피하고 나를 싫어해!
아무도 나를 걱정해 주는 사람은 없어.

신체적인 면에서

보기) 나는 너무 (뚱뚱해, 키가 작아, 못생겼어…….)
내가 키가 작다고 사람들이 무시할 거야.
나는 왜 이렇게 싸움을 못하고 약할까!

나의 부정적인 생각들

일상장면	부정적인 생각들은?	긍정적인 생각으로
군 생활에서	ex) 나만 열심히 일하면 손해다.	ex) 일한 만큼 얻게 된다.
가족관계에서		
능력과 관련하여		
전우관계에서		
신체적인 면에서		

7. 떠오르는 사람들

■ 활동내용

다른 사람들과의 관계에서 느꼈던 감정들을 제시하여 각자 그런 감정을 느꼈던 당시의 상황과 자신의 모습을 구체적으로 떠올려보도록 하는 활동이다. 이러한 감정경험을 전우들과 함께 이야기하면서 자신의 미해결된 감정을 자연스럽게 표현할 수 있을 뿐만 아니라 비슷한 감정경험이 공유되면서 동질감을 느낄 수 있게 한다.

■ 기대효과

- 사람들과의 관계에서 느끼는 여러 가지 감정들에 대하여 안다.
- 미해결된 감정들을 자각하고 표현함으로써 해소의 기회가 된다.
- 다른 사람의 감정 경험을 공유하면서 상대방의 입장을 고려할 수 있다.

■ 준비물

활동지, 필기구

■ 진행과정

① 활동지 작성에 대해 안내한다.

"우리가 느끼는 많은 감정들은 사람들과의 관계에서 생기기 마련입니다. 화가 나기도 하고 누군가를 미워하게도 됩니다. 억울함을 느끼기도 하고……. 때로는 행복감을 느낄 때도 있습니다. 힘들고 지쳐있을 때 위로를 받기도 했을 것입니다. 정말 마음에서 감사함을 느끼고 고마움을 느낀 적도 있을 것입니다. 한번 잘 떠올려보고 활동지를 작성해보기 바랍니다. 이 활동지는 제시된 감정들과 관련된 사람을 떠올리고 그와 관련된 사건과 상황을 자세하게 생각해 보는 것이 중요합니다."

② 활동지에 구체적으로 작성해 보도록 한다.

③ 6~8명의 소집단을 구성한다. 이때 한 분대의 인원이 집중되지 않도록 한다.

④ 소집단별로 한 사람씩 그 상황과 그 때의 심정에 대해서 이야기를 한다. 이 때,

발표를 항목 순으로 모두 한 후에 다음 항목으로 넘어가도록 한다. 예를 들면 화나게 했던 사람에 대해 모든 소그룹 인원이 발표하도록 한 다음 또 다른 항목에 대해서 같은 순으로 발표한다.

⑤ 발표 시 지도자는 서로 공감적인 분위기로 잘 들을 수 있도록 분위기를 유도한다.

⑥ 전체가 모여서 소집단별 대표 1인이 나와서 집단별 활동에 대해서 요약하고 소감을 발표하도록 한다.

■ 적용

- 같은 소대원이 아니라 서로 잘 모르고 생활을 달리하는 병사들이 집단 구성원이라면 군내에서 만났던 사람들로 제한하여 활동을 할 수도 있다.

■ 유의점

- 미해결된 감정은 편안하고 안전하다고 느낄 때 더 몰입수준이 높아진다. 따라서 친밀감과 신뢰감이 형성된 이후에 실시하도록 한다.
- 점차 감정이입과 몰입 수준이 높아지기 때문에 처음에 그렇지 못하더라도 공감적이고 진지한 분위기 속에서 진행하도록 한다.

떠오르는 사람들

■ 여러 기억들 속에 나와 감정과 연관되어 떠오르는 사람에 대해 기술해봅시다.

	관련되는 사람은?	그 때의 상황과 이유	그 때의 내 모습은
미웠던 사람			
화나게 했던 사람			
억울하게 했던 사람			
행복하게 해 주었던 사람			
위로해 주었던 사람			
고마웠던 사람			

4장 관계개선 프로그램

■ 목표

관계 안에서의 자기 모습을 인식하고 자신의 대인관계 패턴을 이해할 수 있다. 또한 다른 사람의 태도와 행동의 의미를 이해하고 관계에서의 갈등해결 방법을 모색하여 대인관계 향상을 위한 구체적인 행동 전략을 수립할 수 있다.

■ 중점사항

- 자신과 타인의 대인관계 이해 및 수용
- 소대원과의 상호작용을 통한 친밀감 향상
- 대인관계 향상을 위한 구체적인 행동 전략 수립
- 대인관계 갈등 및 문제 해결 방법 모색

■ 프로그램

1. 나의 대인관계 이해
2. 진정한 전우 만들기
3. 영향을 미친 인물
4. 가족을 소개합니다
5. 분대원 관계지도 그리기
6. 전우관계 향상 행동 지침
7. 우리는 전우 가족
8. 중요한 사람에게 편지쓰기

1. 나의 대인관계 이해

■ 활동내용

자기의 주변 사람들을 떠올리면서 대인관계 지도를 그려보고, 집단원들에게 소개하는 과정을 통해 자신과 타인의 대인관계 패턴을 이해한다.

■ 기대효과

- 대인관계 지도를 통해 자신의 대인관계 패턴을 알 수 있다.
- 타인의 대인관계 패턴에 대해서도 알 수 있다.
- 대인관계에서 개선할 점을 알 수 있다.

■ 준비물

대인관계 지도 그리기 활동지, 필기구

■ 진행과정

① 대인관계 유형을 설명한 뒤, 자신의 주변 사람들을 떠올려서 4가지 유형으로 대인관계 지도를 그려보도록 한다. 안쪽에는 단짝같은 사람, 가운데 원에는 친한 사람, 바깥 원에는 공통된 일을 하는 사람, 원 바깥은 아는 사람을 그리도록 한다. 이들에 대한 설명은 다음과 같다.

··· 단짝같은 사람: 절친한 사이. 자신의 느낌이나 생각을 언제라도 이야기 할 수 있고 서로 배려해주는 사람. 마음이 있고 멀리 이사를 가거나 자주 만나지 못하더라도 서로의 끈이 연결되어 있는 것 같은 느낌이 있으며 어려운 일을 상의할 수 있는 사람

··· 친한 사람: 어느 정도 마음을 털어놓을 수 있고, 공동의 관심사가 있으며 친밀감을 느낄 수 있는 사람

··· 공통된 일을 하는 사람: 주로 공동의 흥미를 지니고 있고, 함께 업무를 함. 일대일의 관계를 가질 수 있는 정도이지만 단짝이나 친한 사람만큼 배려하지는 않는다. 그리고 개인적인 느낌이나 생각을 많이 나누지는 못하는 사람

···› 아는 사람: 대개 같은 집단에 속해 있기는 하지만 그 외의 장소에는 일대일로 어울리는 일은 드물고 그저 아는 사이. 호감이 가는 사람도 있지만 만나기 싫은 사람도 있다.

② 대인관계 지도를 그린 후에는 대인관계 분석을 위한 활동지를 작성하도록 한다. 자신의 대인관계 패턴에 대해 생각해 볼 수 있도록 진지하게 활동하도록 한다.

③ 인접해 있는 소대원끼리 8~10명 단위로 소집단을 구성하여, 돌아가면서 각자 자신의 대인관계 지도 그리기 활동 소감을 이야기하도록 한다.

■ 적용

• 다른 부대의 장병들로 집단원을 구성하였을 때에는 자신이 속한 소대나 중대의 인원들을 4가지 유형으로 분석해보도록 하여 현재 자신의 군내에서의 대인관계 패턴을 이해하게 할 수 있다.

■ 유의점

• 대인관계 지도 그리기를 통해 자신의 대인관계 패턴을 알도록 하는 것이 이 활동의 목적이므로 활동지를 할 때 진지하게 참여할 수 있도록 한다.

대인관계 지도 그리기

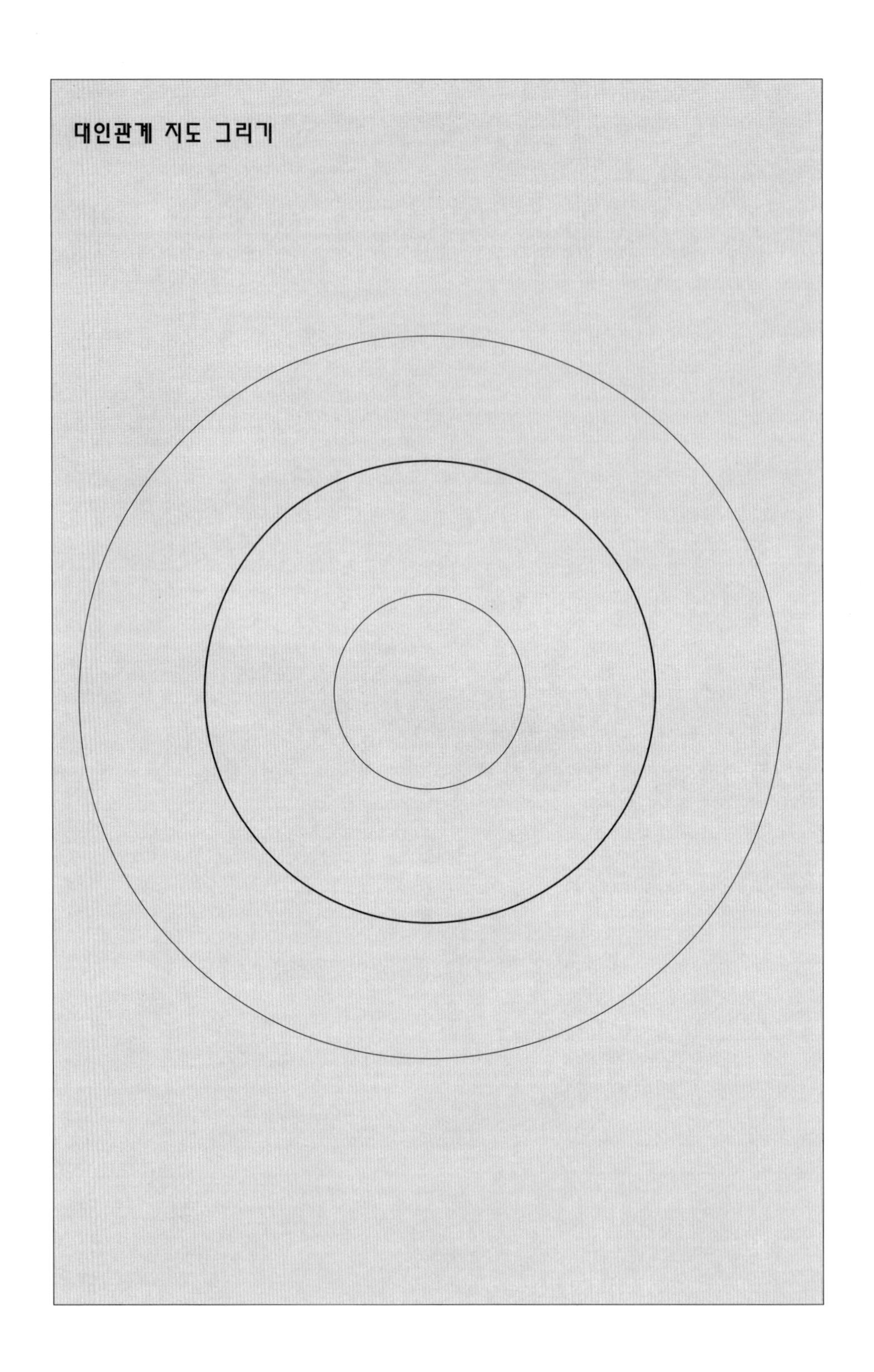

대인관계 분석을 위한 활동지

⊙ 나의 대인관계의 특징은?

⊙ 4가지 유형의 비율은 적당하다고 생각됩니까?

⊙ 아는 사람은 많은데 친한 사람과 단짝이 부족하지는 않습니까?

⊙ 단짝같은 사람이 적다면 그 이유는 무엇인가?

⊙ 나의 대인관계에 만족하는가?

⊙ 만족하지 않다면 어떻게 되기를 원하나?

2. 진정한 전우 만들기

■ 활동내용

자신의 친한 친구를 떠올려보고 어떤 계기로 친해졌는지 분석해보도록 한다. 분석 결과를 적용하여 군에서 친한 전우관계를 형성하기 위해 자신이 실천할 수 있는 구체적인 행동을 설정해보도록 한다.

■ 기대효과

- 자신의 친구관계를 이해할 수 있다.
- 친한 관계로 발전하는데 필요한 태도 및 행동을 알 수 있다.
- 친한 전우를 만들기 위한 행동을 설정하여 실천의지를 다진다.

■ 준비물

색종이, 필기구, 전지

■ 진행과정

① 군대에 오기 전에 가장 친했던 친구 3명을 떠올려보도록 한다.

② 색종이를 세 장씩 나누어 주고, 친구의 이름을 각 종이에 적도록 한다. 그리고 다음의 질문에 대한 답을 써보도록 한다.
"언제, 어떤 계기로 친해졌는가?", "그 친구의 어떤 부분이 마음에 들었는가?", "그 친구와 친해지려고 어떻게 대했는가?"

③ 각자 돌아가면서 활동지를 보면서 친했던 친구들에 대해 소개한다.

④ 3~4명의 소집단으로 나누어 친한 친구가 되기 위해서 필요한 요소가 무엇인지 토의하여, 10가지 구체적인 행동을 정해서 전지에 작성하도록 한다.

⑤ 각 소집단의 대표자가 나와서 자기의 조에서 만든 행동들을 소개하도록 하고, 모든 집단원들이 볼 수 있도록 앞에 게시한다. 대표자를 지정할 때는 소집단원들에게 발표를 누가 했으면 좋은지 질문을 하면서 바로 "하나 둘 셋"을 외치면서 집단원들이 발표할 사람을 지목하도록 한다.

⑥ 지도자는 조용한 분위기를 유도한 뒤, 집단원들이 정한 구체적인 행동 목록을 다시 요약하여 주면서 군에 와서 진정한 친구가 있는지를 묻는다.

⑦ 군에서의 진정한 친구를 만들기 위해 자신이 실천할 수 있는 태도나 행동이 무엇이 있는지 생각해 보도록 하고, 구체적인 행동으로 다섯 가지 정도를 정하도록 한다. 이 때 특정 인물을 생각하면서 해보도록 한다.

⑧ 활동이 다 끝나면 자신이 정한 행동목록들을 앞에 나와 큰 목소리로 읽도록 한다. 이때 지도자는 집단원들이 실천의지를 다질 수 있도록 활기차고 당당한 태도로 낭독할 수 있는 분위기를 유도한다.

■ 적용

- 각 분대원들과 관계개선을 위해 자신이 할 수 있는 실천 가능한 구체적인 행동을 정해보도록 할 수 있다. 이 때 각 분대원에 대해 자신이 꼭 할 수 있는 행동 한 두 가지만을 정하도록 하여 생활에서 실천하게 하고 관계개선의 성공 가능성을 높일 수 있도록 한다. 활동 자체에 의미를 두기보다는 생활에서의 실천을 강조할 필요가 있다.

■ 유의점

- 지도자는 각자 구체적이고 실천 가능한 행동지침을 설정할 수 있도록 활동중간에 피드백을 한다.
- 다섯 가지로 한정짓는 것은 생활에서 실천할 수 있는 가능성을 더 높이고 성취감을 맛보게 하기 위함이다. 집단원들의 특성에 따라서 지도자는 적절한 수를 정하도록 한다.

3. 영향을 미친 인물

■ 활동내용

살아오는 과정에서 자신의 삶에 영향을 받은 인물을 떠올려 보도록 하고 어떠한 영향을 받았었는지, 나는 어떻게 반응했었는지 등에 대해 집단원들에게 소개하도록 한다.

■ 기대효과

- 삶에 영향을 미쳤던 인물 탐색 과정을 통해 관계 안에서의 자신을 인식한다.
- 영향을 받은 인물에 대한 자신의 반응을 탐색할 수 있다.
- 자신이 도움을 받기도 하고 줄 수도 있는 존재임을 자각한다.
- 자신은 어떤 영향력을 미칠 수 있을지에 대해서 그려보도록 한다.

■ 준비물

영향을 미친 인물 활동지, 필기구

■ 진행과정

① 지도자가 모두 눈을 감게 하고 '영향력을 미친 인물 찾기'를 위한 멘트를 천천히 한다.

"태어나서 이 자리에 오기까지 수많은 사람들을 만났습니다. 아버지와 어머니, 형과 누나, 할머니 할아버지, 동생……. 많은 사람들이 나의 성장과 변화에 영향을 주었습니다. 내가 이 자리에 오기까지 영향을 주신 분들을 떠올려 봅시다. 정말 많은 만남이 있었습니다. 지속적으로 지금까지도 나의 옆에서 나를 돌봐주시는 부모님과 가족들부터 그동안 유치원시절부터, 초등학교, 중학교, 고등학교 다닐 때까지 만났던 친구들과 선생님. 학원에서 만났던 친구들과 선생님……. 이름도 모르는 채 그냥 만났던 분들도 있을 것입니다. 아주 짧은 만남이어서 내가 기억하지 못하는 분들도 계실 것입니다……. 오랫동안 만남을 통해서 나에게 큰 힘이 되는 사람도 있을 것이고 짧은 만남이었지만 생생하게 기억에 남고 나의 변화에 영향을 준 분들이 계십니다. 그 분들을 한 분 한 분 떠올려 보시기 바랍니다……. 나에게 용기를 준 사람은 어떤 분입니까? 어떤 계기로 어떻게 나에게 용기를 주었습니까? 나의 능력을 인정해 준 사람은 어떤 분입니까? 그게 언제였습니까? 어떻게 인정해 주었습니까? 내가 잘못했을 때 꾸짖고 충고를 아끼지 않는 사람이 있었습니까? 누구입니까? 언제였습니까? 어떤 일로 그랬습니까? 그 분들로 인해 지금 나에게 어떤 성장과 변화가 왔습니까? 열등감을 느끼게 했던 사람, 화나게 했던 사람, 군 적응을 도와주었던 사람……"

② 떠올려진 내용들을 조용히 활동지에 기록 하도록 한다.

③ 분대별로 소집단을 구성하여 활동한다.

④ 한 사람씩 자신의 삶에 영향을 미친 인물들에 대해서 누구인지, 어떤 일이었는지, 어떤 변화를 갖게 되었는지를 이야기하도록 한다. 나머지 집단원들은 진지하게 충분히 공감하면서 들어줄 수 있도록 한다.

⑤ 모두 발표가 끝나면 이번에는 영향을 준 인물에 대해 그 동안 자신이 어떻게 대해 왔었는지, 앞으로 어떻게 대하고 싶은지 등을 차례대로 이야기하도록 한다.

■ 적용

- 영향을 미친 인물을 군대 내의 인물로 한정시킴으로써 군대 내에서 자신의 관계에 대해 인식할 수 있도록 활용할 수 있다.

■ 유의점

- 사람들은 모두 상호작용을 통해 서로 영향을 주고받음을 강조하여 관계 안에서의 자신을 재인식할 수 있도록 한다.

영향을 미친 인물 활동지

■ 살아오면서 어떤 사람들이 나에게 어떻게 영향을 미쳤는지를 기술해봅시다.

	관련되는 사람은?	어떤 상황에서 나에게 어떻게 영향을 미쳤나?	그 때의 나의 반응	앞으로 어떻게 대할 것인가?
용기를 준 사람				
실수를 통해 배우게 해준 사람				
채찍과 충고를 아끼지 않은 사람				
열등감을 느끼게 했던 사람				
진로결정에 도움을 준 사람				
군 적응을 도와준 사람				

4. 가족을 소개합니다

■ 활동내용

가족화를 그리면서 가족과의 관계를 분석해보도록 한다. 집단원들의 가족화와 가족 관계 소개를 통해 집단원 개개인에 대해 더 깊이 있게 이해할 수 있으며, 자신의 가족들과의 관계를 재인식하고 관계개선의 방향을 설정할 수 있다.

■ 기대효과

- 소대원들에게 가족들을 소개하면서 서로를 더 깊이 이해할 수 있다.
- 가족 내에서 자신의 모습을 돌아볼 수 있는 기회가 된다.
- 가족 구성원간의 관계 및 심리를 이해할 수 있다.
- 가족의 소중함과 관계 개선방향을 생각해본다.

■ 준비물

4절지, 크레파스, 색연필, 활동지, 필기구

■ 진행과정

① 잠시 가족 구성원들을 떠올려보도록 하고 가족화를 그려보도록 한다. 온 가족이 모두 모여서 함께 무엇인가를 하고 있는 모습을 그려보라고 한다.

② 그림을 모두 그렸으면 자신의 앞에 그림을 놓도록 한 뒤 다음 질문을 하면서 그림의 공백에 적어보도록 한다. “어떤 활동을 하는 그림인지, 분위기는 어떠한지, 누가 가장 기분이 좋은지, 왜 그런지, 누가 기분이 가장 안 좋은지 왜 그런지, 그림에 표현한 활동을 자주 하는지?”

③ 분대별로 소집단을 구성하여 한 사람씩 집단원들 앞에서 자신이 그린 가족화를 보여주면서 지도자가 질문한 내용을 포함하여 그림을 설명해 보도록 한다. 소개가 끝난 그림은 소대원 모두가 볼 수 있는 곳에 전시한다.

④ 전체 소대원들이 모여서 분대별 활동내용에 대해 대표 한 명씩 발표하도록 한다.

⑤ 가족관계 개선을 위해 가족 구성원들에게 자신의 원하는 바와, 구성원들이 자신에게 원하는 바를 생각해 볼 수 있도록 하고 그 내용을 활동지에 기록하도록 한다.

⑥ 분대별로 모여서 기록한 내용 및 활동하면서의 생각이나 느낌을 발표한다.

■ 적용

- '가족화' 대신 '분대원화'를 그리도록 하여 분대원들의 관계와 심리를 이해하고 분대원들과의 관계 향상을 위해 자신에게 원하는 바와 분대원들에게 원하는 바에 대해서 생각해 보는 활동을 할 수 있다.

■ 유의점

- 가족화를 그릴 때 개인에 따라 소요시간 차이가 많기 때문에 지도자는 이를 잘 고려해야 한다. 즉 적절한 피드백을 통해 그림을 다 그린 집단원들은 가족관계 분석을 더 깊이 있게 할 수 있게 한다.

우리 가족은

가족 구성원	나는 무엇을 바라는가?	나에게 무엇을 바라는가?
아버지		
어머니		
형		
누나		
남동생		
여동생		

5. 분대원 관계지도 그리기

■ 활동내용

분대원과의 심리적 거리 등을 표현하는 관계지도를 그려보도록 한다. 또한 분대원들의 성격특성 및 관계에 대해서도 생각해 볼 수 있도록 하여, 분대원으로서의 자신의 모습을 상기시켜보고 분대원들과의 관계에서 자신이 할 수 있는 바를 떠올려보도록 한다.

■ 기대효과

- 분대원으로서의 자신의 모습을 이해할 수 있다.
- 자신의 분대원들에 대한 생각을 정리하고, 관계를 이해할 수 있다.
- 분대원들과의 관계에서 자신이 할 수 있는 행동을 떠올릴 수 있다.

■ 준비물

4절지, 필기구

■ 진행과정

① 먼저 4절지 중심에 자신을 원으로 그리도록 한다. 그 주위에 분대원들을 네모로 그리되, 심리적 거리를 생각하여 자신의 원 주위에 멀고 가까움의 정도를 생각하여 그리도록 한다.

② 분대원들의 대표적인 성격특징을 나타내는 형용사 단어를 적게 한다.

③ 분대원들 중 서로의 선호 정도를 선으로 표시하도록 한다. 매우 친한 관계는 진한 직선 두 줄로 중립적 관계는 직선 한 줄로 갈등관계는 파도 모양 곡선으로 표시하도록 하고 왜 그런지를 간략하게 적는다.

④ 6명 정도로 소집단을 구성한다. 이때 소집단에 분대원이 집중되지 않도록 고려한다.

⑤ 자신이 그린 분대원 관계지도를 보여주며 분대원들 간의 관계를 중심으로 집단원들에게 발표한다.

⑥ 발표가 끝나면 모든 집단원이 볼 수 있는 곳에 전시하여 자신이 그린 분대원 관계지도와 다른 소대원들이 그린 지도를 비교해서 살펴볼 수 있도록 한다.

⑦ 잠깐 동안 분대원들과 앞으로 어떻게 관계를 할 것인지 생각해 보도록 하고, 자신의 그림에 적어보도록 한다.

⑦ 전체 소대원이 모두 모여서 활동간 소감을 함께 이야기하며 마무리한다.

■ 적용

- 참가인원 중 같은 분대 인원이 없을 때 더 솔직하게 표현할 수 있는 활동이다.
- 참가인원 중 같은 분대원이 있다면 주관적인 관점임을 강조하며 관계패턴을 이해하는 것을 강조하도록 하고, 서로에 대한 인신공격이 되지 않도록 유의해야 한다.

■ 유의점

- 지도를 그리는 활동보다는 그 속에서 자신의 분대원들에 대한 생각이나 관계를 분석해보는 것이 더 의미가 있다. 따라서 지도자는 발표 시에 이에 대한 촉진적인 질문을 하여 구체적으로 탐색할 수 있도록 한다.

분대원 지도 그리기 요령 예

⊙ 중앙에 자신을 O로 그린다.

⊙ 분대원들은 □로 표기하되 심리적 거리를 생각하여 배치한다.

⊙ 그 사람의 특징을 잘 나타내는 형용사를 적는다.

⊙ 분대원간 혹은 자신의 관계를 선으로 표기한다.

: 매우 친한 관계 ═══════

: 중립적인 관계 ───────

: 갈등 관계 ∿∿∿∿∿∿∿

6. 전우관계 향상 행동 지침

■ 활동내용

자신의 전우관계에서 어떤 행동들이 호감을 주는지, 어떤 행동들이 불쾌감이나 관계를 해치는지를 살펴보고 전우관계 향상을 위한 행동지침을 정한다.

■ 기대효과

- 자신의 전우관계 행동패턴을 이해할 수 있다.
- 전우들과 좋은 관계를 유지할 수 있는 바람직한 행동을 알 수 있다.
- 전우관계 향상을 위한 행동지침을 설정하여 실천의지를 다진다.

■ 준비물

전우관계 행동 분석 활동지, 지침서 작성 용지, 필기구

■ 진행과정

① 5~6명의 소집단으로 구성한다. 각 분대 인원이 고르게 배정되도록 한다.

② 친해지고 싶은 사람과 멀리하고 싶은 사람들의 구체적인 행동 특징을 브레인스토밍하여 전체가 모여서 발표하도록 한다.

③ 지도자는 발표 자료를 종합하여 모든 소대원들이 한 눈에 볼 수 있게 한다.

④ 발표 자료를 참고로 집단원 각자가 전우관계 행동분석 활동용지를 작성하도록 한다.

⑤ 각자 작성한 활동용지를 보면서 앞으로 선임병 및 소대장, 후임병, 동기 등 구체적으로 전우관계 향상을 위한 행동지침서를 만든다.

⑥ 소집단별로 행동지침서를 만들게 된 이유를 집단원들 앞에서 설명하고 행동지침을 크게 낭독하도록 한다.

⑦ 활동이 다 끝나면 행동지침서를 생활실로 가져가 자신의 사물함에 부착하도록 하여 일상에서 상기하고 실천해 나갈 것을 강조한다.

■ 적용

- 대인관계 기술이 부족한 집단원들을 대상으로 활동을 할 때에는 브레인스토밍 과정에서도 지도자도 같이 집단원으로 참여하도록 한다.
- 행동지침 선정 시에도 한 가지나 두 가지 정도 꼭 지킬 수 있는 것을 정하도록 하여 좌절경험보다는 성공경험을 더 많이 할 수 있도록 배려할 필요가 있다.

■ 유의점

- 지도자는 각자 구체적이고 실천 가능한 행동지침을 설정할 수 있도록 활동 중간에 개개인에게 피드백을 한다.

전우관계 행동분석 활동지

◎ 사람들에게 호감을 줄 수 있는 나의 행동은 무엇인가?

-선임병 및 소대장과의 관계에서

-동기들과의 관계에서

-후임병과의 관계에서

◎ 사람들에게 불쾌감을 주거나 관계를 해치는 행동은 무엇인가?

-선임병 및 소대장과의 관계에서

-동기들과의 관계에서

-후임병과의 관계에서

◎ 앞으로 나의 대인행동이 어떤 방향으로 변화해야 하는가?

-선임병 및 소대장과의 관계에서

-동기들과의 관계에서

-후임병과의 관계에서

7. 우리는 전우 가족

■ 활동내용

분대원들과의 관계에서 자기 모습을 점검해 본다. 또한 분대원에 맞는 가족의 일원으로서의 역할을 정해보고 그에 알맞은 행동, 가훈, 가족의 노래 등을 정해서 소개하는 활동이다.

■ 기대효과

- 다른 사람의 입장을 이해할 수 있다.
- 분대 구성원으로서의 자기의 모습을 점검할 수 있다.
- 분대원들과의 관계개선 방향을 설정한다.

■ 준비물

'분대에서 나는' 활동지, A4용지, 필기구

■ 진행과정

① '분대에서 나는' 활동지를 작성한 후 분대원들끼리 모여서 발표한다,

② 분대를 한 가족으로 생각하여 분대원들에게 가족 역할을 정하도록 한다. 이때 역할에 대해서는 그 사람의 성격이나 기타 행동을 고려하도록 한다.

③ 가훈과 가족의 노래를 정하고, 어떤 가족이 될 것인지, 각자 역할에서 어떻게 행동할 것인지 등을 논의하고 그 내용을 정리한다.

④ 전체 소대원이 모여서 분대별로 앞에 나와 가족의 일원으로서의 자신의 소감 및 포부를 이야기하고, 가훈과 가족의 노래 등을 같이 부른다.

⑤ 정리한 내용 등은 생활반에 가서 붙이도록 하여 평상시에도 이러한 활동을 상기시킬 수 있도록 한다.

■ 적용

- 분대원들이 집단 구성원일 때 진행가능하며 인성교육이 끝나서도 지속적으로

시행할 수 있는 프로그램이다. 분대원들이 집단원 구성이 되지 않았다면 각자 분대원으로써 가족 중의 어떤 역할을 할 것인지를 정해보고 그 역할에 맞는 행동이나 태도 등에 대해서 이야기 하도록 한다.

■ **유의점**

- 모든 집단원들이 적극적으로 동참할 수 있도록 원형으로 앉게 해서 서로 얼굴을 쳐다보면서 대화할 수 있도록 진행한다.
- 계급에 따라 정하기보다는 충분한 대화를 통해 성격 등을 고려하여 정하도록 한다.

분대에서 나는

⊙ 주변의 생활반 중에 어느 생활반이 가장 행복하다고 생각하는가?

⊙ 무엇이 그 생활반을 행복하게 만들었다고 생각하는가?

⊙ 우리 생활반에서 내가 행복하다고 느끼는 순간은 언제인가?

⊙ 분대원들 중에 고마운 사람과 그 이유는?

⊙ 내가 분대장이나 선임병, 후임병이 아니라면 어떻게 하고 싶은가?

⊙ 다른 분대원들은 나를 어떻게 느끼고 있는가?

8. 중요한 사람에게 편지쓰기

■ 활동내용

지금까지의 인간관계에서 소중한 사람, 고마운 사람, 화가 났던 사람, 서운했던 사람, 앞으로 관계를 잘 해보고 싶은 사람 혹은 나에게 등등 누구에게라도 자신의 마음을 표현하고 편지를 써서 부치거나 집단원 앞에서 읽게 한 후 찢는 활동을 한다. 이 활동을 통해 대인관계와 관련된 감정을 표현하고 정리하게 하며 앞으로 개선된 방향으로 대인관계를 모색하도록 한다.

■ 기대효과

- 인간관계에서 경험한 감정 중 정리되지 않은 감정을 자각할 수 있다.
- 자신의 감정을 표현할 수 있다.
- 좀 더 나은 인간관계를 계획할 수 있다.

■ 준비물

편지지, 편지봉투, 우표, 필기구

■ 진행과정

① 눈을 감고 "지금까지 살아오면서 나에게 가장 중요한 사람이 누구였는지 생각해 봅니다. 그 사람이 소중하고 고마운 사람일 수도 있고 화가 나고 미운 사람일 수도 있으며 내 마음을 아직 표현하지 못한 짝사랑하는 여자나 친구일 수도 있습니다. 내가 잘 대해주지 못하고 미안한 사람일 수도 있습니다. 누구든지 좋습니다. 그 사람에게 나의 마음을 표현한다면 어떤 말을 하고 싶은지 생각해 보세요."

② 편지지에 그 사람에게 하고 싶은 이야기를 쓰게 한다.

③ 편지를 다 썼다고 하면 8~10명 정도로 소집단을 구성한다.

④ 소집단별로 돌아가면서 편지를 낭독하게 한다. 그리고 편지를 읽은 사람의 오른 쪽 사람이 들은 편지 내용에 대해 피드백하게 한다.

⑤ 편지를 부칠 사람은 봉투에 넣어 우표를 붙이고, 부치고 싶지 않은 편지는 찢어 버리게 한다.

⑥ 편지를 찢고 난 후 소감을 집단원들과 자유롭게 이야기하게 한다.

■ 적용

• 대상을 군대 내의 인원으로 제한을 두어서 편지를 써보라고 하면 군내에서 만났던 사람들과의 관계에서 느꼈던 감정들을 정리하고 군생활간의 관계에 대해 계획할 수 있다.

■ 유의점

• 편지의 주인공이 집단에 있는 경우, 편지를 낭독하는데 있어서 본인의 의사를 존중하여 낭독을 강요하지 않는다.

5장

의사소통 향상 프로그램

■ **목표**

의사소통의 중요성과 자신의 의사소통 방식의 장단점을 알 수 있다. 또한 적극적인 자기 표현방법과 다른 사람의 말을 경청하고 공감반응을 훈련함으로써 상호 의사소통을 원활하게 할 수 있도록 한다.

■ **중점사항**

- 의사소통의 중요성 체험
- 자기표현 능력의 활성화
- 경청 및 공감반응 실습 및 체득
- 의사소통 기술 훈련

■ **프로그램**

1. 언어전달, 그림전달
2. 통하는 대화
3. 나의 일상용어
4. 온 몸과 온 마음으로
5. 같이 고민 합시다
6. 입장바꿔 생각해봐
7. 김일병 상담하기

1. 언어전달, 그림전달

■ **활동내용**

소집단으로 나누어 언어 전달을 하도록 하고, 마지막에 원래 전하고자 했던 언어와 비교해본다. 그리고 집단원 중 한 사람이 그림을 보고 말로 설명을 하면 나머지 집단원들은 그 설명을 듣고 각자 그림을 그려서 마지막에 원래 그림과 비교해본다.

■ **기대효과**

- 원활한 의사소통이 어렵다는 사실을 체험하게 한다.
- 의사소통의 중요성을 깨달을 수 있다.

■ **준비물**

언어전달 내용이 적힌 쪽지, 그림 용지, 필기구, 종이(인원수만큼)

■ **진행과정**

① 5~6명씩 소집단을 구성한다. 이 때 지도자가 한 명을 지정하고 1, 2, 3, 4, 5를 번갈아 가면서 외치도록 하여 같은 번호끼리 소집단을 구성하도록 한다.

② 맨 앞사람에게만 언어전달 내용이 적힌 쪽지를 보여주고 그 내용을 귓속말로 전달하도록 한다.

③ 소집단의 맨 마지막 사람이 빈 쪽지에 그 내용을 적고 지도자에게 전달하면 취합하여 원래 전달했던 언어내용과 비교해본다. 두세 번 다른 언어내용으로 반복한다.

④ 맨 처음 전달한 사람과 중간에 있던 사람, 마지막 사람 등 전달하면서 어떠한 느낌이 들었는지 소감을 이야기하도록 하고 정리하면서 언어내용을 그대로 전달하는 것도 어렵다는 점을 주지시킨다.

⑤ 집단원 중에 지원자 한 명을 받고, 그 사람에게 그림용지를 보여준다.

⑥ 그림용지를 본 사람은 그림을 설명하고 나머지 집단원들은 그 설명을 들으면서 자기 앞에 놓인 빈 용지에 그림을 그린다.

⑦ 활동이 끝나면 집단원들이 그린 그림을 모두 들어서 보이도록 하고 원래 그림 용지와 비교해 볼 수 있도록 한다. 두 세 번 이러한 활동을 반복한다.

⑧ 설명을 했던 사람들의 소감을 먼저 듣는다.

⑨ 설명을 들으면서 그림을 그렸던 집단원들의 소감도 이야기 하도록 한다.

⑩ 지도자는 직접 눈으로 본 객관적인 내용을 그대로 전달하고, 들은 것을 그리는 활동에도 주관적인 요소가 개입될 수 있음을 주지시키며 활동을 마무리한다.

■ **적용**

- 활동을 다 마치고 나서 더 나은 의사소통을 위해서 각자 자신이 앞으로 주의해야 할 점과 고쳐야 할 점을 정리해보도록 한다.

■ **유의점**

- 의사소통의 어려움을 체험해보게 하는 것이 목적으로 지나치게 경쟁적인 상황이 되지 않도록 한다.
- 지도자는 집단원들이 활동에 대한 느낌을 자세히 정리할 수 있도록 질문하여 의사소통의 어려움이나 중요성을 스스로 깨닫고 도출될 수 있도록 하며, 지도자가 먼저 단정적으로 이야기하지 않는다.

언어전달의 예

"자신의 삶은 자신이 만들어 가는 것입니다."

"사람에게 미소를 던지면, 그 미소는 너에게 다시 돌아온다."

"되찾을 수 없는 것이 세월이니, 순간순간을 후회없이 살아야 한다,"

"말 한마디가 당신입니다.
좋은 말을 하면 좋은 사람이 되고,
아름다운 말을 하면 아름다운 사람이 됩니다."

그림전달의 예

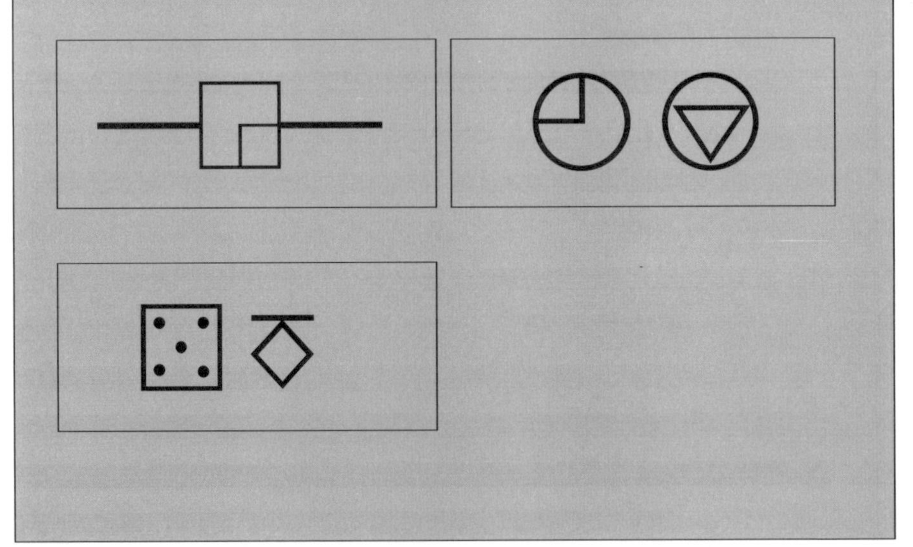

2. 통하는 대화

■ 활동내용

짝을 지어서 서로 '비난 세례'와 '칭찬 세례'를 해보도록 하고 그 느낌을 생생하게 느껴보도록 하여 의도 없는 말도 감정에 영향을 줄 수 있다는 것을 체험하게 한다. 그리고 짝을 지어 '일방통행 반응'과 '쌍방통행 반응'을 해보도록 하고 그 느낌을 경험하게 하여 대화의 중요성을 생각할 수 있게 한다.

■ 기대효과

- 의도 없는 말도 감정에 영향을 줄 수 있다는 것을 체험해 본다,
- 의사소통에서 언어선택의 중요성을 깨닫는다.
- 의사소통에서 긍정적인 언어 선택을 할 수 있다.
- 체험을 통해 주고 받는 대화의 중요성을 깨닫는다.

■ 준비물

없음

■ 진행과정

① 두 명씩 짝을 지어서 1번과 2번 순번을 매긴 후에 게임요령을 설명한다. 우선 1번이 2번에게 마주 앉아 쳐다보면서 2분 동안 비난의 말을 계속 하도록 한다. 2번은 듣기만 하고 자신의 감정이 어떤지를 느껴보도록 한다. 2분이 지나면 역할을 바꾸어서 해본다.

② 이번에는 같은 요령으로 1번이 2번에게 2분 동안 계속해서 칭찬의 말을 계속 하도록 한다. 2분이 지나면 역할을 바꾸어서 해본다.

③ 활동이 다 끝나면 비난하거나 비난을 들었을 때의 느낌을 이야기하고 칭찬을 하거나 칭찬을 들었을 때의 느낌들을 이야기해보도록 한다. 지도자는 신체 반응의 변화, 감정의 변화 등 구체적인 질문과 공감적 반응을 통해 활동하면서 느꼈던 감정들을 자세하게 표현할 수 있도록 반응한다.

④ 충분히 느낌을 나눈 후 지도자는 게임 활동이지만 감정의 변화가 있었다는 부분에 초점을 맞추어 어떤 언어를 선택하느냐에 따라 자신과 상대방의 감정에 영향을 줄 수 있다는 부분을 이야기하면서 언어선택의 중요성을 언급한다.

⑤ 다른 사람과 짝을 지어서 다시 1번과 2번 순번을 매긴 후에 게임요령을 설명한다. 우선 1번이 2번에게 서로 마주 앉아 쳐다보면서 고민을 4~5분 동안 이야기 하도록 한다. 2번은 계속해서 1번이 한 이야기와는 다른 자신의 이야기를 계속 하도록 한다. 이러한 활동을 하면서 자신의 감정이나 생각을 잘 살펴보도록 한다. 4~5분이 지나면 역할을 바꾸어서 해 본다.

⑥ 이번에는 같은 요령으로 1번이 2번에게 고민을 이야기하면 2번은 1번의 이야기를 듣고 "아- 네, 당신의 이야기는 OO하다는 말이네요."와 같이 호응해주는 반응을 하도록 한다. 4~5분이 지나면 역할을 바꾸어서 해본다.

⑦ 활동이 다 끝나면 일방통행과 쌍방통행의 느낌을 이야기하도록 한다. 지도자는 이때에도 구체적인 질문과 공감적 반응을 통해 활동하면서의 생각이나 느낌을 자세하게 표현할 수 있도록 반응한다,

⑧ 충분히 느낌을 나눈 후 일방통행과 쌍방통행 중 어떤 유형으로 상대방과 대화를 하는지 질문한다. 잠시 생각할 시간을 준 후, 서로 주고받는 말이 대화임을 이야기하면서 쌍방 통행하는 대화의 중요성을 언급한다.

…› 일방통행: 상대방의 이야기를 들으면서도 거기에 호응해 주는 것이 아니라 자기 이야기를 하거나 엉뚱한 반응을 하는 것을 말함.

예) 김상병: 오늘 작업하다가 넘어졌는데 계속 아픕니다.
정병장: 작업은 다 마쳤냐? 내일 안 해도 되지?

…› 쌍방통행: 상대방의 이야기를 들으면서 거기에 맞추어 호응해 주는 반응을 하는 것을 말함.

예) 이일병: 오이병 때문에 정말 죽겠습니다. 내가 아무리 가르쳐 주어도 알겠다고 대답은 하는데 제대로 하는 것이 아무것도 없습니다.
서상병: 오이병 때문에 많이 답답한가 보네. 어떻게 일하는 것을 알려주었는데도 이일병이 생각하는 만큼 일을 능숙하게 하지 못하나봐.

■ 적용

- 이러한 '통하는 대화'와 같은 프로그램을 한 이후에 경청연습이나 공감연습을 하면 더 효과적이다.

■ 유의점

- 비난세례를 할 때에는 게임 활동임을 강조하여 실제 감정 대립이 되지 않도록 한다.
- 지도자는 집단원들이 게임 활동에 대한 느낌을 자세히 표현할 수 있도록 도와서 말의 중요성과 대화의 중요성을 스스로 깨닫고 경험할 수 있도록 한다.

3. 나의 일상용어 분석

■ 활동내용

평상시 자신의 일상용어를 찾아보도록 하고 그 말을 듣는 상대방의 느낌을 짐작해 본다. 그리고 긍정적인 표현으로 바꾸는 연습을 한다.

■ 기대효과

- 자신의 주된 언어습관을 발견한다.
- 말을 듣는 상대방의 입장에 대해서 생각해 본다.
- 긍정적인 언어표현을 학습한다.

■ 준비물

일상용어 찾기 활동지, 필기구

■ 진행과정

① 3~4명의 소집단별로 나누어 앉도록 한 후 일상용어 찾기 활동지를 나누어 주고 작성하도록 한다.

② 소집단별로 차례대로 작성한 일상용어 활동지 내용을 발표하도록 하고 나머지 집단원들도 발표내용에 대해 피드백을 하도록 한다.

③ 표현의 걸림돌에 대해 정리한 내용을 설명하고 자신의 주로 사용하는 일상용어가 어디에 해당되는지를 체크해 보도록 한다.

④ 전체 집단원이 모여서 소집단별로 체크한 내용을 모아 통계를 내서, 어떤 걸림돌 표현을 제일 많이 사용하는지 등을 요약해서 발표하도록 한다.

⑤ 긍정적인 용어로 말하기 활동지를 나누어 주고 소집단별로 부정적인 용어를 긍정적인 용어로 고쳐보도록 한다.

⑥ 전체 집단원이 모두 모여서 소집단별로 고친 내용에 대해서 발표하도록 하고 활동하면서 깨달은 바에 대해서 이야기하도록 한다.

⑦ 언어선택의 중요성을 강조하면서 마무리한다.

■ **적용**

- 자신이 주로 사용하는 언어는 습관화되어 있기 때문에 자신도 잘 자각하지 못하는 경우가 있다. 서로 생활을 같이 하는 소대원이나 분대원끼리 짝을 이루도록 하여 상대방의 일상용어를 찾아주도록 할 수도 있다.

■ **유의점**

- 지도자는 집단원들이 실생활에서 자신이 주로 사용하는 용어를 찾아서 활동할 수 있도록 하여 평상시 언어사용을 점검해 볼 수 있게 한다.

일상용어 찾기

※ 평소 분대원들과의 대화 중 일상용어(자주 사용하는 말) 세 가지를 생각하여 기록하고 그 말을 듣는 상대방의 느낌을 짐작하여 기록해 보세요.

〈보기1〉

일상용어: "에이 정말 짜증나 죽겠어!"

상대방 느낌: " 저 사람이 매일 투덜대니 나도 짜증이 나네. 옆에 있으면 나도 기분이 나빠져서 친하게 지내고 싶지 않아."

일상용어	상대방느낌
1.	
2.	
3.	

※ 후임병이 다음의 예문처럼 이야기를 해 온다면 당신은 어떻게 반응하겠는지 평상시 자신이 쓰는 말로 기록하세요.

후임병 표현	나의 반응
"우리 분대장은 맨날 나만 야단쳐요. 내가 없어져야 속이 편안하겠지요?"	
"정이병은 정말 무식한 것 같아요. 내가 아무리 얘기해도 듣지 않아요!"	
"김병장은 너무해요. 자기 할 일을 계속 나한테 미루고……."	

걸림돌 표현의 예

1. **비난하기**: "너는 그렇게 밖에 말할 수 없니?"

2. **밀어붙이기**: "네 말을 듣고 싶지 않아. 네가 뭘 잘못하고 있겠지."

3. **반박하기**: "네 말이 왜 틀렸냐 하면, 넌 부모님의 입장을 전혀 생각하지 않기 때문이야."

4. **헐뜯기**: "너는 제대로 뭐 하나 하는 게 없더라."

5. **무시하기**: "그건 말도 안 되는 소리야. 그 이야기는 꺼내지도 마."

6. **회피하기**: "네가 알아서 해"

7. **추궁하기**: "왜? 뭘 잘못했는데? 꼭 그렇게 할 수밖에 없는 어떤 이유가 있나?

8. **빈정거리기**: "그렇게 해도 괜찮겠어? 그럼 어디 한번 해봐."

9. **기죽이기**: "어째 항상 그 모양이냐? 네 방법이 잘 될까?"

10. **충고하기**: "네가 하고자 하는 일은 서로에게 도움이 안돼. 내가 하자는 대로 해봐."

긍정적인 용어로 말하기

〈보기〉

부정적인 표현	긍정적인 표현
"후임병이 내 말을 안 들어서 미쳐버릴 것 같아!"	"후임병과 말이 잘 통했으면 좋겠어!"
"나는 제대로 하는 것이 하나도 없어."	"내가 한 일에 대해 좀 더 만족할 수 있었으면 좋겠어."

〈연습하기〉

부정적인 표현	긍정적인 표현
"아니 너는 그것을 말이라고 하냐? 도대체 네 머리속에는 뭐가 들었니?"	
"넌 이등병이 참 말을 안 듣는 구나. 도대체 선임병 알기를 뭐로 아는 거니?"	
"고일병, 너는 어찌된 게 입만 열면 욕이냐?"	

〈나의 일상용어〉

부정적인 표현	긍정적인 표현
1.	
2.	
3.	

4. 온 몸과 온 마음으로

■ 활동내용

경청의 태도 및 자세에 대해 구체적으로 알아보고, 집단원들과 짝을 지어 실제로 경청 연습을 해본다.

■ 기대효과

- 경청의 중요성을 깨달을 수 있다.
- 경청의 구체적인 태도 및 행동을 체득한다.

■ 준비물

활동용지 1과 2 그리고 3, 빈종이, 필기구 등

■ 진행과정

① 두 명씩 짝을 지어 마주보고 앉는다. 그 중 한명은 평상시 하고 싶은 이야기를 하도록 한다. 나머지 한 명에게 용지1을 나누어 주며 용지1에 적힌 그대로 행동하도록 요구한다. 약 3분 동안 진행하고 나서 역할을 바꾸어 다시 3분 동안 진행한다.

② 짝이 아니었던 다른 사람과 짝을 지어 마주보고 앉도록 한다. 그 중 한 명이 고민을 이야기하도록 한다. 나머지 한 명에게 용지2를 나누어 주며 용지2에 적힌 그대로 행동하도록 요구한다. 약 3분 동안 진행하고 나서 역할을 바꾸어 다시 3분 동안 진행한다.

③ 지도자는 두 가지 활동을 하면서 어떤 점들을 느꼈는지 이야기하고 싶은 사람만 소감을 이야기하도록 한다.

④ 4-5명씩 소집단을 편성하고 이야기하고 싶은 사람과 이야기를 하기 싫은 사람의 특징을 약 5분 동안 자세하게 용지에 기록해 보도록 한다. 지도자는 이때에 비언어적인 요소와 언어적인 요소 모두를 구체적으로 찾아보라고 강조한다.

⑤ 전체 소대원들이 모두 모여 소집단의 활동내용을 발표하는데, 한 명은 비언어

적 혹은 언어적인 행동으로 표현하도록 하고, 이에 대해 설명을 하는 사람도 정하여 진행한다.

⑥ 모든 집단원의 발표가 다 끝나면 지도자는 다음과 같은 멘트를 한다.
"자꾸 내 이야기를 하고 싶은 사람과 이야기를 하고 싶지 않은 사람에 대해 생각해보았습니다. 그렇다면 과연 여러분들은 어느 유형의 사람이라고 생각합니까? 사람관계의 기본이 바로 대화입니다. 서로 이야기를 하고 싶어야지 관계가 더 발전되는 것입니다. 대화라는 것은 서로의 말을 주고받는 것입니다. 대화에서 가장 중요한 것은 무엇이라고 생각하십니까? 바로 경청입니다. 말로만 잘 듣고 있다고 해서 경청이 되는 것은 아닙니다. 경청은 온 몸과 온 마음으로 듣는 것입니다. 그 사람의 이야기를 그 사람의 입장에서 들으려는 진심어린 마음이 가장 우선이고, 그 다음으로 여러분이 찾은바대로 비언어적인 그리고 언어적인 행동으로도 보여야 할 것입니다. 그래서 경청은 바로 온 몸과 온 마음으로 듣는 것이라고 할 수 있습니다."

⑦ 다시 이전에 짝을 하지 않았던 사람과 짝을 지어서 서로 마주보고 앉도록 한다. 한 명에게 자기의 고민을 이야기하도록 한다. 나머지 한 명에게는 용지3을 주고 그대로 실행하도록 한다. 약 3분 동안 진행하고 나서 역할을 바꾸어 다시 3분 동안 진행한다.

⑧ 일상생활에서 "경청"이 지속적으로 유지되어야 한다는 것을 강조하면서 활동을 마무리한다.

■ 적용

- 활동 중에 체험한 내용들을 잘 정리하도록 하여 경청의 구체적인 방법을 습득할 수 있도록 한다.

■ 유의점

- 이야기 하고 싶은 사람과 하기 싫은 사람의 유형을 찾을 때, 지도자는 언어적, 비언어적 요소 등에 대해 구체적으로 생각해 볼 수 있도록 촉진적인 질문을 한다.

활동용지 내용

용지 1

1) 절대로 상대방을 향해 앉지 마시오.
2) 절대로 상대방을 쳐다보거나 눈을 맞추지 마시오.
3) 상대방에 말에 절대 대답이나 호응을 하지 마시오.
4) 가급적 지속적으로 엉뚱한 질문을 하시오.

용지 2

1) 계속 상대방을 향해 앉으시오.
2) 상대방을 온화한 눈빛으로 쳐다보고 눈을 맞추도록 하시오.
3) 상대방의 질문에는 간단히 적절한 대답을 하시오.
4) 중간 중간 음-하면서 잘 듣고 있음을 알려주시오.
5) 절대로 자기 이야기를 길게 하지 말고 듣는 데에 집중하시오.

용지 3

1) 상대방이 가장 편안하게 이야기할 수 있도록 가능한 모든 행동을 취하시오.
2) 온 몸과 온 마음으로 듣는다는 것을 보여주시오.

5. 같이 고민합시다

■ 활동내용

사전에 적어낸 집단원들의 고민내용들에 대해서 소집단별로 그 사람의 입장에 대해 토의한다. 그리고 전체 집단원들이 모여서 토의 내용들을 종합해본 뒤 각자의 느낌을 정리하고 소감을 이야기한다.

■ 기대효과

- 상대방의 고민을 상대방의 입장에서 이해하고 공감할 수 있다.
- 토의 과정에서 자신의 심정에 대해 공감 받을 수 있다.
- 공감적 태도 및 반응을 익힐 수 있다.

■ 준비물

사전에 준비한 고민 용지, 필기구

■ 진행과정

① 3~4명의 소집단으로 나누어 사전에 준비한 고민하고 있는 용지를 인원수 만큼 선택하여 나누어 가지도록 한다.

② 토의할 내용을 설명하여 그 사람 입장에서 고민하고 있는 내용이 무엇인지, 지금 심정은 어떠한지, 어떻게 해결하고 싶어 하는지 등에 대해 토의를 해보도록 한다.

③ 자신이 써낸 고민 용지가 나올 수도 있지만 자신임을 밝히지 않고 참여할 수 있도록 안내한다.

④ 소집단별로 토의가 충분히 이루어졌을 때, 소집단별 토의 내용 중 대표적인 사례 한 가지를 요약하도록 하여 전체 집단원들이 함께 모여서 발표하도록 한다.

⑤ 지도자는 발표가 끝나면 각자 어떤 집단원들의 토의 내용이 자신의 마음에 와 닿았는지, 자신의 고민해결에 얼마나 도움이 되었는지 등 활동 중의 생각이나 느낌을 자세히 정리해 볼 수 있도록 한다.

⑥ 집단원들과 정리한 내용 및 활동 소감을 나눈다.

■ 적용

- 집단원들의 고민내용이 아니라 군대 내에서 병사들이 흔히 경험할 수 있는 고민거리를 적은 용지를 미리 준비할 수도 있다.

■ 유의점

- 집단원들이 고민을 적은 용지는 지도자가 미리 준비해야 한다. 인성교육을 첫 회나 혹은 이전 회에 자신의 가장 큰 고민을 적어서 내도록 한다. 이 때 누구인지 모르게 적고, 고민용지를 나누어 주면서 구체적으로 적을 수 있도록 한다.
- 필체 등에 의해 누구인지 알려질 수도 있기 때문에 사전에 워드로 작성하여 준비를 하는 것이 좋다.
- 충분히 친밀감이 형성된 이후에, 경청 실습 등을 하고 진행하는 것이 더 효과적이다.

고민용지

⊙ 당신의 가장 큰 고민거리는 무엇입니까? 다른 사람과의 관계에서 일어난 일인지 아니면 자신에 대한 것인지, 어떤 일이나 어떤 내용인지, 언제부터인지, 얼마나 심각한지, 해결을 위해 어떤 노력을 해보았는지 등에 대해 자세하게 적어보도록 하세요.

고민에 대한 조별 토의 주제

⊙ 고민내용은 무엇입니까?

⊙ 지금 심정은 어떻습니까?

⊙ 어떻게 해결하고 싶어 하나요?

⊙ 내가 이 사람이라면 진짜 바라는 것은 무엇일까요?

⊙ 현재 실행 가능한 해결방법을 찾아준다면…….

6. 입장 바꿔 생각해봐

■ 활동내용

집단원중에 가장 이야기하기 편안한 사람과 짝이 되어 자신이 요즘에 느끼는 관계에서의 갈등 상황을 역할극을 통해 시연해 보도록 한다. 짝은 상대방과 주인공의 역할을 번갈아 하면서 주인공이 편안하게 자신의 갈등상황을 시연하고 해결의 실마리를 찾을 수 있도록 도와주는 역할을 한다.

■ 기대효과

- 갈등 상황을 명확하게 이해할 수 있다.
- 역할극을 통해 자신의 의견을 분명히 표현할 수 있다.
- 상대방의 입장에 대해 생각해 볼 수 있는 기회가 된다.
- 갈등 해결에 대한 실마리를 찾을 수 있다.

■ 준비물

편지지, 필기구

■ 진행과정

① 한 달 동안의 생활에서 대인관계의 갈등 상황을 떠올려 보도록 한다. 극단적인 갈등 상황뿐만 아니라 사소한 다툼이나 미묘한 감정적 갈등까지 자유롭게 떠올려 보도록 한다.

② 자신의 이야기를 가장 편안하게 할 수 있는 상대방과 둘씩 짝을 지어 둘만의 공간으로 이동하여 먼저 이야기할 주인공을 결정하도록 한다.

③ 지도자는 "둘 만의 역할놀이"에 대해 설명을 해 준다.
"서로 짝의 상대방이나 짝이 되어보는 역할을 하는 활동입니다. 우선 주인공을 정하고, 짝은 갈등상황에서의 상대방과 주인공의 역할을 번갈아 하는데 주인공이 말해주는 대로 그 역할을 해보도록 합니다."

④ 주인공은 짝에게 갈등의 내용을 간단하게 설명을 해준다. 짝은 주인공의 상대

방이 되도록 한 후 앞에 앉도록 한다. 그러고 나서 주인공이 갈등상황에서의 자기의 입장을 충분히 이야기하도록 한다. 이때 상대방에 대한 감정을 가능한 솔직하고 숨김없이 표현하도록 한다. 이때 짝은 가만히 듣고 있도록 한다.

⑤ 역할을 바꿔 주인공이 상대방의 자리에 앉아서 상대방의 역할을 하도록 한다. 짝은 주인공의 자리에 앉아서 주인공 역할을 한다. 즉 주인공이 이야기한 내용을 감정이나 비언어적인 표현까지 되도록 그대로 이야기 한다. 그 이야기를 듣고 주인공은 상대방의 입장에서 반응을 해보도록 하고 5분간 역할놀이를 계속한다.

⑥ 다시 주인공은 자기 자리로 돌아온 후에 상대방에게 할 이야기를 간단히 마무리 한다.

⑦ 상대방 역할을 했던 짝이 주인공이 되어 똑 같은 절차로 갈등상황 역할놀이를 한다.

⑧ 각자 갈등관계에 있는 상대방에게 편지를 쓰도록 하여 짝에게 편지를 읽어주거나 내용을 공유하도록 한다.

⑨ 전체 집단원이 모여서 활동소감을 이야기하고 마무리한다.

■ **적용**

- 전체 앞에서 둘씩 나와서 역할 놀이를 하게 할 수도 있다. 이때에는 역할놀이를 하지 않는 집단원들이 역할놀이에 집중할 수 있도록 하고, 편안하게 자기를 표현할 수 있는 분위기를 이끌어야 한다. 주인공이 집단원과 갈등관계에 있을 때는 피하는 것이 좋다.
- 편안하게 이야기 할 수 있는 짝을 못 찾는 경우나 짝이 되는 것을 기피하는 집단원이 있을 수 있다. 지도자가 그 집단원들의 관계 역동을 파악하고 있다면 이를 고려하여 사전에 짝을 정해 줄 수도 있다.

■ **유의점**

- 역할 놀이에 대해 충분한 설명을 하도록 한다. 특히 상대방 역할을 하는 사람이 자신의 역할을 어떻게 해야 하는지 분명하게 알 수 있도록 한다.

7. 김일병 상담하기

■ 활동내용

군내에서 어려움을 겪고 있는 김일병의 입장이 되어 상담자 역할을 하는 집단원에게 이야기를 하고, 관찰자가 이 과정을 모니터링하여 피드백을 한다. 상담자 역할을 했던 사람은 자신의 반응에 대해 좀 더 객관적으로 되돌아 볼 수 있다.

■ 기대효과

- 자신이 말하는 태도 및 자세에 대해 점검할 수 있는 기회가 된다.
- 다른 사람의 심정을 이해하고 공감능력을 향상시킬 수 있다.

■ 준비물

사례 쪽지

■ 진행과정

① 3인 1조가 되도록 소집단으로 나눈다. 소집단에서 주인공 역할을 할 사람과 상담자 역할을 할 사람, 그리고 관찰자를 정한다.

② 지도자는 각 역할에 대해서 설명한다. "주인공은 사례 쪽지에 적혀져 있는 김일병의 입장이 되어 최대한 김일병의 심정으로 상담자 역할을 하는 사람에게 이야기를 합니다. 상담자 역할을 하는 사람은 되도록 김일병의 이야기를 잘 들어주고 공감적인 반응을 보이며 문제해결 방법을 같이 찾을 수 있도록 도와줍니다. 관찰자는 주인공과 상담자 역할을 하는 사람의 행동과 태도 등을 잘 관찰하고 메모합니다."

③ 5분 동안 각자 역할을 해보도록 하고, 활동을 멈추고 관찰자부터 관찰내용을 이야기하도록 한다. 그 다음 상담자, 주인공 순으로 활동하면서 느낀 점을 이야기하도록 한다.

④ 이번에는 주인공은 관찰자, 상담자는 주인공, 관찰자는 상담자의 역할로 바꾸어서 다른 사례로 실시한 후 관찰내용 및 소감을 이야기 한다. 나머지 역할을

해보고 관찰내용 및 소감을 이야기한다.

⑤ 각조 1인씩 간단히 각 역할을 하면서 어떤 점들을 느꼈는지 소감을 정리해 보는 시간을 가진 후 전체 집단원들이 모여서 소감을 나눈다.

■ **적용**

- 경청 훈련 및 공감훈련을 충분히하고 본 활동을 진행하는 것이 효과적이다.
- 자원한 주인공과 상담자 역할을 할 사람이 시연을 하고 나머지 집단원들은 관찰자가 되도록 하여 전체 집단원이 함께 활동을 하면 지도자가 활동의 흐름을 잘 파악할 수 있으며, 관찰자 집단의 피드백의 효과가 크다.

■ **유의점**

- 각자의 역할을 숙지하여 역할을 충실히 할 수 있도록 한다.
- 지도자는 집단원들이 활동할 때에 각 조에 고르게 머무르면서 같이 관찰자의 입장에서 피드백을 한다.

사례1

김일병은 요즘 잠을 잘 수가 없다.
한 달 전부터 시간이 날 때마다 여자 친구에게 전화를 했는데
통화가 안 되고, 음성을 남겨도 소용이 없고,
친구를 통해서 알아보라고 했는데 친구도 연락이 안 된다고 한다.
아무래도 다른 남자 친구가 생긴 것 같다.
너무 걱정이 되고 계속해서 여자 친구 얼굴만 떠오른다.
부대 내의 일에 집중하는 것도 너무 힘들다.

사례2

김일병은 정상병 때문에 힘들다.
조그만 실수에도 걸핏하면 '병신'이라고 하고
분위기를 못 맞춘다면서 '사오정'이라고 부른다.
지속적으로 정상병에게 이런 이야기를 듣다보니
김일병은 진짜로 자신이 모자란 사람같고 자신감이 점점 없어진다.
아침에 눈을 떠서 정상병을 마주칠 일을 생각하면 눈앞이 깜깜해지고
정상병을 자꾸 피하게 되는데 안 볼 수도 없어 너무 힘들다.

사례3

김일병은 후임으로 온 강이병 때문에 고민이다.
강이병은 내가 시키는 것들을 제대로 하지 않는다.
자신은 이병 때 알아서 했던 것 같은데
강이병은 아무리 이야기를 해주어도 잘 못 알아듣는다.
도대체 눈치도 없고 행동이 너무 느리다.
그리고 화나는 것은 지난번에 '똑바로 하라'고 했더니
분대장에게 내가 말을 함부로 한다고 고충상담을 해서
내가 분대장에게 혼났다. 강이병을 도대체 어떻게 대해야 할지 답답하다.

미래설계 프로그램

■ **목표**

미래 자신의 삶을 구체적으로 계획할 수 있도록 한다. 또한 현재의 삶이 미래에 영향을 미친다는 점을 깨닫게 하여, 미래 삶의 목표달성을 위한 실천의지를 다지고, 현재 자신의 태도 및 행동을 변화할 수 있도록 한다.

■ **중점사항**

- 미래의 삶에 대한 계획
- 구체적인 생활 목표 설정
- 과거와 현재의 자기모습 점검
- 삶의 연속성 인식
- 생활목표에 대한 실천의지 다지기

■ **프로그램**

1. 가상 전역식
2. 군 생활계획 세우기
3. 미래모습 인터뷰
4. 새로운 삶을 산다면
5. 생애설계
6. 유언 남기기
7. 장래 명함
8. 나에게 어울리는 직업

1. 가상 전역식

■ 활동내용

각자 전역사를 준비하여 가상 전역식 장면을 연출하여 전역사를 발표하도록 한다. 자신의 군 전역식 장면을 미리 상상해 봄으로써 전역 시까지의 군생활의 방향을 설정해볼 수 있도록 한다.

■ 기대효과

- 자신의 군 생활모습을 되돌아 볼 수 있다.
- 군 생활의 방향을 설정할 수 있다.

■ 준비물

종이, 필기구. 단상, 선물, 마이크 등

■ 진행과정

① 가상 전역식 활동에 대해서 설명을 한다.

"군 생활을 마치고 전역할 때 여러분들은 어떤 모습이 되기를 원합니까? 그리고 주변 동료들에게 어떤 전우로 기억되고 싶습니까? 군에 오기 전에 나름대로 군생활의 목표가 있었을 것입니다. 그 목표 중에 이룬 것은 무엇입니까? 그리고 목표를 이루기 위해 어떻게 노력하고 있습니까? 이제까지의 군 생활을 회고해보고, 군 생활을 처음 시작할 때의 마음과 목표를 상기하면서 앞으로의 군 생활에 대해서도 생각해 보시기 바랍니다. 그리고 전역식 날이 되어 동료들에게 후임병들에게 어떤 말을 남기고 싶은지 전역사를 적어보도록 합시다."

② 각자 군 생활을 회고하면서 전역사를 적을 시간을 준다.

③ 모든 집단원이 전역사를 작성하고 나면 가상 전역식 행사를 실제처럼 시행한다. 지도자가 사회자 역할을 하고 단상을 준비하고 그 외 전역식 분위기를 연출할 수 있으면 좋다.

④ 사회자 멘트를 하면서 한 사람씩 나와서 전역식을 시행하고 전역사를 읽도록

한다. 전역사를 다 읽으면 집단원 모두 박수를 친다.

⑤ 전원이 전역사 발표가 끝나면 4~5명 정도가 활동 중의 생각이나 느낌을 발표하도록 하여 마무리 한다.

■ **적용**

• 지나온 군 생활과 앞으로 남은 군 생활의 방향에 대해 충분히 생각해 볼 수 있는 명상의 시간을 가진 후에 진행되는 것이 효과적이다.

■ **유의점**

• 장난스런 분위기가 되지 않도록 주의하고 진지하게 할 수 있도록 한다.

가상 전역식 사회자 멘트

⊙ 지금부터 000병장의 전역식을 거행하도록 하겠습니다.

⊙ 전역하는 000병장에게 소대원들의 정성을 담은 선물을 증정하도록 하겠습니다. 선물증정은 소대의 막내인 000이병이 전달하도록 하겠습니다.

(선물은 간단한 것을 준비하여 모든 병사에게 전역사에 앞서 가상적으로 전달하고, 행사가 끝난 후 전역사를 가장 잘 발표한 집단원에게 선물하도록 한다.)

⊙ 다음은 000병장의 전역사를 듣도록 하겠습니다.

⊙ 전역사 발표

2. 군 생활계획 세우기

■ 활동내용

시간활용의 중요성에 대한 워밍업을 하고 군에서의 생활계획을 세워보도록 하여 집단원들과 같이 이야기하는 시간을 가진다.

■ 기대효과

- 군에서의 구체적인 생활계획을 수립한다.
- 수립한 생활계획의 실천의지를 다진다.

■ 준비물

성공적인 복무생활에 관한 동영상 혹은 사례자료 , 활동용지, 필기구

■ 진행과정

① "성공적인 복무생활과 관련된 동영상"이나 "성공적인 복무 장병 사례"를 보여주고, 군대에서의 시간 활용의 중요성에 대해 충분히 인식시킨다.

② 자신은 시간활용을 어떻게 하고 있는지 눈을 감고 조용히 지도자 멘트에 따라 명상할 수 있도록 한다.

"22개월의 복무기간에 대해 여러분들은 어떻게 느꼈나요? 길게 아니면 짧게, 대부분 길게 느끼리라 생각하지만 각자마다 조금은 다를 것이라고 여겨집니다. 오늘은 복무기간을 어떻게 사용할 것인지에 대해 생각해 보는 시간을 가지도록 하겠습니다. 하루하루가 모여 일주일이 되고 다시 한 달이 되고, 한 달이 차곡차곡 모여서 1년이 되는 것을 생각해보면 바로 오늘 지금 이 순간의 삶이 내일을 만들고 앞으로의 미래를 만들어가는 것을 알 수 있습니다. 어느 순간도 소중하지 않은 시간이 없는 것입니다……. 앞으로 여러분들은 복무기간을 어떻게 쓰고 싶습니까? 미래 여러분들이 꿈꾸는 모습을 현실화시키는 데에 오늘 지금 이 순간부터 즉 군에서의 시간들이 그 시작이 될 것입니다. 결코 짧은 시간이 아닙니다. 우리가 보낸 어제를 회상해 보아도 가만히 생각해보면 아침의 여

러분과 저녁의 여러분이 다르지 않습니까? 마음상태도 다르고 신체상태도 다릅니다. 그렇습니다. 우리는 눈에 보이지는 않지만 순간순간을 살아가면서 각자 경험하면서 변화하고 있습니다. 군에서의 22개월의 시간은 결코 짧은 시간이 아닙니다. 이 시간을 어영부영 보내는 것과 목표의식을 가지고 계획을 세워 보내는 것은 정말 많은 차이가 나지 않겠습니까? 복무기간 동안 무엇을 이루고 싶은지 어떻게 생활하고 싶은지 생각해 보시기 바랍니다."

③ 우선 복무기간 동안 꼭 해보고 싶은 일 다섯 가지를 정하여 적어보도록 한다.
④ 활동용지를 활용하여 군 생활에서의 생활계획을 세울 수 있도록 한다.
⑤ 분대원들끼리 돌아가면서 각자 수립한 생활계획을 이야기하도록 한다.

■ **적용**

- 프로그램 처음 도입 시 복무기간 동안 시간활용의 중요성을 인식시키는 방법으로 동영상이나 신문기사 혹은 지도자 멘트 등 시설 여건이나 준비사항을 고려하여 다양한 방법을 시도해 볼 수 있다.

■ **유의점**

- 자신의 삶에서 군에서의 생활이 얼마나 중요한지 인식하고 연계성을 충분히 가질 수 있도록 워밍업 작업을 충분히 한다.

복무기간 동안 꼭 하고 싶은 일 5가지

1	2	3	4	5

복무생활 계획하기

계급	시기	목표	실천계획
이병 (6개월)	년 월일부터 년 월일까지		
일병 (6개월)	년 월일부터 년 월일까지		
상병 (7개월)	년 월일부터 년 월일까지		
병장 (4개월)	년 월일부터 년 월일까지		

► 목표를 이루기 위한 첫 단계 행동:

► 목표를 이루는데 필요한 것들:

► 목표를 이루는데 방해되는 것들:

► 도움을 줄만한 사람:

3. 미래 모습 인터뷰

■ 활동내용

자신의 30년 후 미래 모습을 상상하여 짝에서 소개하도록 한 뒤 30년 후의 모습으로 인터뷰하는 장면을 집단원들 앞에서 시연한다.

■ 기대효과

- 미래 자신의 모습을 더 생동감있게 그려볼 수 있다.
- 집단원들 앞에서의 '공언'을 통해 실천의지를 다진다.

■ 준비물

인터뷰 질문용지, 필기구

■ 진행과정

① 명상을 통해 30년 후 자신의 모습을 구체적으로 떠올려 보도록 한다.

"30년 후를 떠올려 보도록 하겠습니다. 약 1년 후에는 군 제대를 하고 여러분들은 다시 일상의 생활로 돌아갈 것입니다. 각자 학업으로 혹은 직업전선으로 나갈 것입니다. 군에서 새로운 각오를 다지면서 새로운 삶을 시작하는 분들도 있을 것입니다. 각자 자신의 생활로 되돌아가 어떻게 사느냐에 따라서 우리 10년 후의 모습은 많이 달라지겠죠. 30대 초반에 여러분들은 무엇을 하고 있을 것 같습니까? 결혼을 했을까요? 어떤 일을 하고 있을까요? 뭔가 각자마다 보람되고 가치 있는 일들을 하고 있으리라 생각해 봅니다. 시간이 흘러 20년 후가 됩니다. 그러면 여러분들의 나이는 40대 초반이 됩니다. 결혼을 한 사람들은 분들은 자녀들도 있겠지요? 그때 어떤 가장의 모습을 하고 있을까요? 경제적으로 지금보다는 안정된 생활을 하고 있겠지요? 시간이 더 지나 30년 후의 모습을 그려보도록 합시다. 그러면 50대 초반이 됩니다. 외모도 많이 변했겠죠. 머리도 약간 흰머리도 생기고……. 어떤 일을 하고 있을까요? 20대부터 준비한 일을 계속 한다면 일에 숙련되고 아마 전문가로서 활동하고 있겠죠. 그 일을 통해 여러분들은 어떤 것을 이루었을까요? 직장에서는 어떤 직위에 있을까요? 경제적인 여건이나 생활환경은 어떻게 변해 있을까요? 아버지로서 남편으로서는 어떻게 비춰지기를 원하십니까? 그때는 어떤 취미생활을 하고 있을까요? 30년 후의 자신의 모습을 상상해보기 바랍니다."

② 떠올려진 모습을 활동용지에 적어보도록 한다.

③ 분대원 중에 둘씩 짝을 찾도록 한다.

④ 짝에게 자신의 30년 후 모습을 이야기 하도록 하고, 인터뷰 용지를 보면서 짝과 인터뷰 연습을 해본다.

⑤ 분대별로 모여서 30년 후의 꿈꾸는 모습이 실제 이루어진 것처럼 인터뷰 장면을 시연한다. 시연이 끝날 때마다 소감을 이야기하도록 한다.

⑥ 전체 소대원들이 모두 모여서 분대별로 대표 1팀씩이 나와서 인터뷰를 시연하도록 한다.

⑦ 짝에게 30년 후 미래의 모습에 대한 격려 편지를 쓰도록 하여 편지를 서로 교환하도록 한다.

■ 적용

- 녹화를 할 수 있다면 녹화한 장면을 통해 자신의 모습을 관찰할 수 있도록 하여 발표할 때의 자신의 모습을 모니터링하는 것으로도 활용할 수 있다.

■ 유의점

- 지도자는 명상 멘트를 할 때 천천히 이야기 한다.
- 인터뷰 시연할 때에는 실제 이루어진 것처럼 해보도록 하여 더 생생하게 자신의 꿈이 이루어진 모습을 그려볼 수 있도록 한다.
- 지도자는 시연을 보는 집단원들에게 인터뷰 시연하는 사람들의 행동과 태도를 관찰하여 피드백할 것을 주문하면서 집중할 수 있도록 촉진한다.

인터뷰 질문

"오늘과 같은 모습을 30년 전에도 이룰 것이라고 생각했었나요?"

"당신의 어떤 성격적인 요인이 오늘 oo이 되도록 이끌었다고 생각하십니까?"

"언제부터 oo에 대한 꿈을 꾸셨습니까? 계기를 말씀해주세요."

"oo의 모습이 되기까지 어떤 노력들을 해왔는지 구체적으로 이야기 해주세요!"

"oo생활을 하면서 가장 보람있었던 일은 무엇입니까?"

"oo이 되기까지 가장 힘들었던 일은 무엇입니까?"

"군에서의 생활은 지금의 삶에 어떤 영향을 주었다고 생각하나요?"

"군에 있는 장병들에게 군 생활에 대해서 조언을 하신다면……."

4. 새로운 삶을 산다면

■ **활동내용**

삶이 얼마 안 남은 상황을 상상해 보도록 하여 활동 중 소감을 이야기 해보도록 한다. 자신의 삶에 대해 더 소중하게 여기고 삶의 방향을 생각해 볼 수 있는 기회가 된다.

■ **기대효과**

- 삶의 의미를 생각해보고 자신의 삶을 돌아보는 계기가 될 수 있다.
- 자신이 살아있다는 것을 소중하게 여긴다.
- 삶의 방향을 생각해 볼 수 있다.

■ **준비물**

조용한 음악 CD

■ **진행과정**

① 간단한 몸 이완 동작을 한 뒤에 모두 조용히 앉아서 눈을 감게 하고 지도자의 안내멘트에 따라 생각해 보도록 한다.
"지난 주부터 소화가 잘 되지 않고 평상시와는 다르게 몸이 불편하여 병원에 갔습니다. 진찰을 받았더니 정밀검사가 필요하다고 해서 검사를 받았습니다. 바로 오늘 검사 결과를 들으러 병원에 갔는데 검사 결과가 암이라고 합니다. 암 진행이 많이 되어서 병원에서는 치료할 방법이 없으며, 앞으로 남은 기간은 3개월 정도이니 하고 싶은 일을 충분히 하고 마음의 준비를 하라고 합니다. 이런 상황이라면 여러분들은 어떻게 하겠습니까? 무엇을 가장 먼저 하시겠습니까?"

② 조용히 생각할 시간(3~5분 정도)을 주고 생각한 것들을 적게 한다.

③ 다시 눈을 감게 하고 "한 달 정도가 지났습니다. 병원에서 의사가 전화를 해 왔습니다. 정말로 죄송하다고 하면서 지난번에 이야기한 검사 결과는 다른 사람의 것과 바뀐 것이라고 검사 결과 아무 이상이 없다고 합니다. 여러분의 지금

심정은 어떻습니까? 의사에게는 무엇이라고 말을 하겠습니까? 앞으로 새로운 삶을 살게 되는데 어떻게 살고 싶습니까? 각자 자신의 새로운 삶을 어떻게 살고 싶은지 한번 생각해 보시기 바랍니다."

④ 다시 생각할 시간을 주고 생각한 것들을 적게 한다.

⑤ 적은 것들을 그때의 느낌과 함께 이야기하게 한다.

■ 적용

- 이러한 활동을 한 후 미래 삶에 대한 계획 세우기 프로그램을 하면 더 심층적인 작업이 될 수 있다.

■ 유의점

- 장난이 되지 않도록 조용하고 엄숙한 분위기를 잘 유도한다.
- 지도자가 안내 멘트를 할 때에도 천천히 생각할 수 있는 여유를 주면서 이야기한다.

5. 생애 설계

■ 활동내용

미래 자신의 모습을 설계해 봄으로써 자신의 인생목표와 진로에 대해 구체적으로 그려볼 수 있도록 한다. 또한 목표를 이루기 위해 지금부터 해야 할 일들을 생각해보는 시간을 가짐으로써, 현재 생활의 변화 필요성을 느끼고 목표를 세워 실천의지를 다지도록 한다.

■ 기대효과

- 생애 목표를 분명히하고 자신의 진로를 구체화할 수 있다.
- 계획한 바를 이루기 위해 노력해야 하는 사항을 찾을 수 있다.
- 현재와 미래의 연계성을 인식하고 현재 자신이 할 수 있는 일을 자각하게 된다.

■ 준비물

조용한 음악 CD, 활동지

■ 진행과정

① 간단한 몸 이완 동작을 한 뒤에 모두 조용히 앉아서 눈을 감게 하고 지도자의 안내멘트에 따라 생각해 보도록 한다.

"빌 게이츠. 현대 그룹을 창건한 고 정주영 회장, 축구선수 박지성, 가수 타블로, 피겨의 여왕 김연아 선수……. 이 사람들의 공통점은 무엇일까요? 이들은 바로 자신의 꿈을 이룬 사람들입니다. 그리고 또 한 가지 공통점은 어릴 적부터 자신의 꿈에 대해 구체적으로 상상했다고 합니다. 자신이 어떤 일을 하고 싶은지 꿈을 이룬 자신의 미래 모습을 생생하게 그려보았고 그 꿈은 이루어질 수 있다고 믿었습니다. 생생하게 꿈꾸는 사람만이 이룰 수 있다고 합니다. 여러분은 살아가면서 어떤 것을 이루고 싶습니까? 이루고 싶은 것이 있지만 내가 과연 이룰 수 있을까하는 불확실성으로 인해 상상하다 그만두고 있지는 않은지요? 그리고 다른 사람들 시선이 의식되어 하고 싶은 것들에 대해 감히 말로 뱉지 못하고 있는 것은 아닌지요? 꿈을 생생하게 꾸고, 이룰 수 있다고 믿어야 이루어집니다. 여러분들이 미래의 삶에서 어떤 것들을 이루고 싶습니까? 여러분들은 자신의 미래의 꿈을 얼마나 생생하게 그려보고 있습니까? 이번 시간을 통해 여러분들의 미래의 모습을 생생하게 그려보기 바랍니다. 여러분들의 삶의 주인은 누구라고 생각을 하십니까? 나의 육체와 정신 모두 나의 것입니다. 생각과 행동, 감정 역시 나에게서 비롯됩니다. 지금까지 살아오면서 내가 경험한 것들도 모두 나에게서 비롯된 것입니다. 성공했던 일들, 실수하고 실패했던 일들……. 엄연히 따지면 모두 나에게서 비롯된 것입니다. 내 삶의 주인공은 바로 나 자신입니다. 이제 여러분의 삶에 대한 주인의식을 가지고 미래의 모습에 대해 생생하게 그려보지 않겠습니까? 되고 싶은, 이루고 싶은 모습을 이번 시간동안 생생하게 그려보도록 합시다. 5년 뒤……. 10년 뒤에 여러분들은 어떤 일을 하고 있을까요? 20년 뒤……. 40년 뒤……. 60년 뒤 나는 어디에서 무엇을 하고 있을까요? 어떻게 변화되어 있을지 그 모습을 상상해 보도록 합니다."

② 2~3분 정도 조용히 생각할 수 있는 시간을 준다.

③ 활동지를 나누어 주고 미래 설계를 해보도록 한다. 지도자는 집단원들이 더 구체적으로 계획을 세워볼 수 있도록 피드백을 한다.

④ 활동지를 작성한 뒤에는 분대별로 모여서 활동지를 집단원들에게 보여주면서 10년 후의 모습 위주로 발표하도록 한다.

⑤ 꿈을 이루기 위한 계획 활동지를 나누어 주고 작성하도록 한다. 지도자는 집단원들 사이를 돌아다니면서 더 구체적으로 작성할 수 있도록 피드백한다.

"자 이제는 5년 후의 꿈을 이루기 위해 그 과정을 계획해 보도록 합시다. 우선 1년 동안 무엇을 해야 할지 계획을 해보도록 합시다. 생생한 꿈을 꾼다는 것은 내가 지금 당장 뭘 해야 하는지를 분명히 알게 되는 것입니다."

⑥ 작성한 내용에 대해 분대별로 발표를 하도록 하고, 다른 집단원들은 더 보충이 필요한 부분을 피드백하여 보충할 수 있도록 한다.

⑦ 자신의 미래에 대해 지속적으로 생생하게 그려보라는 것과 미래의 꿈꾸는 바를 이루기 위해서는 현재에 충실해야 된다는 점을 강조하며 마무리한다.

■ **적용**

- 생애 설계 작업을 하기 전에 자신의 미래를 상상해 보도록 하기 위해 꿈을 이룬 사람들의 동영상이나 신문 기사를 읽어 주는 것도 생애설계 작업의 초반부에 활용하면 좋다.

■ **유의점**

- 지도자는 활동지를 작성 할 때 구체화 될 수 있도록 피드백을 하고, 발표 간에도 집단원들이 상호 피드백을 할 수 있도록 하여, 지속적으로 수정 보완할 수 있도록 한다.

생생 꿈 기록 활동지

년도	나이	사는 지역	직업 및 연봉	꼭 하고 싶은 일	결혼여부와 가족구성원	주거형태
5년 후 20___년						
10년 후 20___년						
20년 후 20___년						
40년 후 20___년						
60년 후 20___년						
그 이후 20___년						

5년간 계획 활동지

5년 후 나의 모습: **기업의 신입사원, 애인과 열정적인 사랑

꿈을 이루기 위해 준비해야 하는 일들	1년간 해야 할 일	현재 취해야 할 행동	지금 필요한 것
복학 후 우수한 성적으로 졸업	복학 후 공부계획 및 준비	-	-
영어성적	영어 공부하기	- 공부계획 세우기 - 영어 공부할 시간 확보 및 꾸준히 공부하기	영어 교재 및 테이프
자격증 -컴퓨터 관련 -전공 관련	자격 취득 및 공부	자격증 종류 및 시험시기 등 정확한 정보 알아보고 취득해야 할 자격증 정하여 공부하기	자격증 관련 구체적인 정보 공부할 교재
대기업 관련 정보			
여자 친구 만들기			

6. 유언 남기기

■ 활동내용

갑작스럽게 전쟁이 일어나서 전쟁터에 가야하는 장면을 상상하여 보고, 갑작스럽게 자신의 유언장을 작성하도록 하여 집단원들 앞에서 낭독한다.

■ 기대효과

- 갑작스런 상황에서의 자신의 반응을 통해 자기를 이해할 수 있다.
- 자신의 생활을 점검하고 정리해 볼 수 있다.
- 자기 인생의 주요 욕구를 파악할 수 있다
- 미래의 삶의 방향을 설정할 수 있다.

■ 준비물

편지지, 봉투, 음악 CD(비장함을 느낄 수 있는 곡)

■ 진행과정

① 집단원 모두 눈을 감게 하고 차분해지면 유언 남기기 활동에 대해 설명한다.
"전쟁이 일어나서 여러분들이 전쟁터로 가야 하는 장면을 상상해봅시다. 갑작스럽게 일어난 전쟁으로 이제 곧 전쟁터로 가야 합니다. 한 시간 후면 전쟁터로 우리를 후송할 버스가 오게 됩니다. 전화통신도 두절되었고 우리가 가족이나 주위 사람들에게 소식을 알릴 길은 없습니다. 다만 전쟁터에 나가기 전에 유언장을 작성하여 뒤늦게라도 전해주려고 합니다. 그러니 지금부터 여러분들은 전쟁터로 가기 직전 마지막으로 가족이나 주위 아는 사람들에게 유언장을 써보기 바랍니다. 시간이 얼마 없습니다. 유언장을 작성하다가 이제 후송버스가 오면 바로 나가야 합니다. 그러니 유언장을 남기고 싶은 사람을 한 사람만 선택해서 그 사람에게 적어보시기 바랍니다."

② 음악 CD를 들으며, 유언장을 작성하도록 한다.

③ 집단원들 모두 유언장 작성이 끝나면 분대별로 한 사람씩 나와서 유언장을 읽

도록 한다. 낭독이 끝난 사람은 봉투에 담아서 밀봉하도록 하고 지도자가 수거 한다.

④ 전체 소대원이 모두 모여서 활동 중의 생각이나 느낌에 대한 소감을 이야기하도록 한다.

⑤ 모아둔 유언장은 봉투에 담아 전체 프로그램 종료 시 본인들에게 돌려준다.

■ 적용

- 유언장 낭독 장면 등은 역할극을 통해 표현해보게 할 수도 있다.

■ 유의점

- 전쟁이 일어나서 전쟁터로 나가야 되는 상황을 실감나게 전달하도록 한다.
- 유언장 작성 및 낭독 시 진지하게 활동을 할 수 있도록 조용하고 엄숙한 분위기로 유도한다.

7. 장래 명함

■ 활동내용

미래 10년 후의 자신의 모습을 상상해보는 시간을 가지고 명함을 만들어 소개한다. 소개가 끝나면 집단원들이 명함 뒷면에 희망의 메시지를 작성하도록 하여 낭독하게 함으로써 미래의 계획을 이루기 위한 실천의지를 다진다.

■ 기대효과

- 10년 후의 자신의 모습을 계획한다.
- 미래 계획에 대한 실천의지를 다진다.

■ 준비물

명함 용지, A4용지, 필기구

■ 진행과정

① 미래 10년 후의 자신의 모습을 떠올려 보도록 하면서 자신이 가지고 다닐 명함을 만들어 보도록 한다.

② 명함을 다 만들었으면 명함을 A4용지에 붙이도록 한다.

③ 분대별로 소집단을 구성한다.

④ 소집단별로 명함을 붙인 용지를 들고 나와 명함을 만들게 된 동기 및 앞으로의 실천의지 등을 발표하도록 한다.

⑤ 분대원 발표가 모두 끝나면, 명함 붙인 용지를 왼쪽방향으로 돌리면서 10년 후의 명함의 모습을 이루는데 도움이 되는 이야기를 한 마디씩 적어보도록 한다.

⑥ 자기에게 용지가 되돌아오면 분대원들이 쓴 내용을 각자 낭독해보도록 한다.

⑦ 전체 소대원이 모여서 한 곳에 다 전시하도록 하고 발표를 희망하는 4~5명에게 활동 소감을 듣는다.

■ 적용

- 명함을 다 만든 후, 10년 후임을 가정하여 명함을 주고받게 할 수 있다. 이 과정에서 서로에게 실천의지를 다질 수 있도록 한 마디씩 피드백을 하도록 한다.

■ 유의점

- 10년 후의 모습을 진지하게 생각하면서 명함을 만들도록 한다.
- 희망의 메시지 작성 시에도 명함의 모습을 이루기 위해 도움이 되는 내용을 쓸 수 있도록 주의를 준다.

8. 나에게 어울리는 직업

■ 활동내용

자신의 좋아하고 잘하는 일들을 찾아보고, 직업선택에서 고려할 사항들을 검토한 후 자신에게 맞는 직업을 찾아보는 활동이다.

■ 기대효과

- 직업선택에서의 고려사항을 구체적으로 살펴본다.
- 자신의 직업을 선택할 수 있다.

■ 준비물

나의 적성과 흥미 활동지, 직업선택의 고려사항들 활동지, 필기구 등

■ 진행과정

① 군 생활 이전과 이후에 대해 생각해 보도록 한다.

"여러분은 군에 오기 전에 어떤 일을 하였습니까? 각자 다른 생활을 했겠지요? 대학교에서 학업을 했던 사람도 있고, 대학진학이나 취업을 위해 공부를 했던 사람도 있고, 직업인으로써 활동했던 사람도 있습니다. 여러분들은 모두 각자의 삶에서 군복무를 하기 위해 하던 일을 멈추고 이곳에 있습니다. 하지만 여러분들은 각자 차이는 있지만 이제 군복무를 마치면 다시 사회로 돌아가게 됩니다. 다시 학교로, 학원으로, 직장으로……. 여러분들은 군에 오기 전에 자신의 일에 만족하고 있었나요? 학생으로서 취업준비생으로서 직장인으로서……. 그 일들은 여러분이 선택한 것이었나요? 어쩔 수 없다고 생각하면서 그냥 안주하며 현실로 받아들이고 있지는 않았나요? 군 제대 이후에는 다시 그 자리로 돌아가게 됩니다. 제대하고 나서 여러분들은 하고 싶은 것이 너무 많지요? 자유로운 여행, 애인과의 열정적인 연애, 마음에 맞는 친구들과 늦게까지 맘껏 술 마시기 등등……. 하지만 여러분! 아마도 이러한 일들은 잠깐 며칠 동안이지 계속해서 할 수는 없겠지요? 다시 내가 뭔가 이루기 위해 했던 일들을 지속적

으로 해야 겠지요? 학업에 매진하고, 취업을 준비하고, 직장에 다니고……. 사회에서 당당해지려면 각자 맡은 몫을 해야 할 것입니다. 군에 오기 전에 앞으로 어떤 직업을 선택하려는 계획을 가지고 있었나요? 아니면 군에 와서라도 자신의 직업에 대해 구체적인 계획을 세워보았는지요? 미래는 현재가 모여서 되는 시간입니다. 바로 오늘 현재를 어떻게 사느냐에 따라 미래의 모습도 달라질 것입니다. 군 제대 이후의 여러분들은 바로 지금 어떻게 군 생활을 하느냐에 달려 있습니다. 잠시 군 제대 이후를 떠올려 보시기 바랍니다. 어떤 일을 하고 싶은지……. 어떤 직업을 가지고 싶은지……. 지금 이 시간에는 제대 이후 여러분의 직업에 대해 생각해 보려고 합니다."

② "나의 적성과 흥미 활동지"에서 내가 좋아하는 일과 남이 나에게 잘한다고 하는 일, 내가 잘하는 일, 공통점 등을 작성하도록 한다.

③ 직업선택에서의 고려사항들을 지도자가 한 항목씩 설명을 하면서 집단원들에게 작성하도록 한다.

④ "나의 적성과 흥미" 활동지의 마지막 부분에 있는 '나의 직업은'은 각자 작성하도록 한다.

⑤ 소대원들 중에 발표하고 싶은 사람 4-5명을 지원받아서 발표하도록 한다.

■ 적용

- 이 프로그램에서의 적성과 흥미 활동지는 본인 스스로 생각해보도록 하는 것이기 때문에 제한적이다. 진로탐색과 관련된 자신의 적성을 파악할 수 있는 심리검사를 이용하여 자신의 적성과 흥미를 고려할 수 있으면 더욱 좋다.

■ 유의점

- 프로그램 도입 초반에 하는 지도자 멘트는 군 생활과 제대 이후의 생활이 연관성이 있다는 점, 즉 현재의 생활이 미래에도 영향을 미친다는 점을 스스로 생각해보기 위한 것이다. 이러한 취지 설명은 도입부분에 필요하기 때문에 충분히 설명하고 생각해보도록 한다. 그리고 이런 취지를 살릴 수 있다면 사례 소개나 동영상 등 다양한 자료들을 활용해도 좋다.

나의 적성과 흥미 활동지

내가 좋아하는 일	남이 나에게 잘한다고 하는 일	내가 잘하는 일
"공통점은……."		
나에게 어떤 직업이 어울린다고 생각하나?		
나의 적성과 흥미에 맞는 직업	내가 찾은 직업에서 더 필요한 능력	필요한 능력을 기르기 위 해 지금 노력할 일

직업 선택에서 고려사항들

⊙ 나의 적성과 흥미

⊙ 나의 소질과 능력

⊙ 나의 성격특성

⊙ 나의 외모와 신체조건

⊙ 가정환경 / 경제적인 요소

⊙ 내가 하고 싶은 일인가?

⊙ 부모님 의견

7장

협동 활동 프로그램

■ **목표**

상호 이해 및 협력을 통한 문제해결 능력을 증진시킨다. 또한 이러한 과정에서 집단 구성원의 응집력을 강화시킨다.

■ **중점사항**

- 협동 의식 함양 활동
- 의견 수렴 및 합의 과정 체험
- 상호 신뢰 및 응집력 향상
- 집단 문제해결 능력 강화

■ **프로그램**

1. 함께하는 신체 활동
2. 부대 광고 제작
3. 하나로 뜻 모아
4. 진정한 전우역할극
5. 이야기로 완성
6. 전우 앨범 만들기

1. 함께 하는 신체 활동

■ 활동내용

집단원이 모두 참여하여 정해진 시간동안 '반전하기', '빨래 널기', '도미노'와 같은 협동 신체 놀이를 한다. 서로 돕는 협동이 필요한 게임을 함으로써 친밀감이 향상되고 관계를 돈독하게 할 수 있다.

■ 기대효과

- 협동 신체 놀이를 통해 친밀감을 강화할 수 있다.
- 서로 돕는 협동성을 강화할 수 있다.
- 협동을 통한 신속한 문제해결 능력을 기른다.

■ 준비물

신체놀이를 할 수 있는 충분한 공간

■ 진행과정

① 협동 놀이 활동에 대한 소개를 하고 놀이를 시작한다.

② 분대별로 소집단을 구성하여 '반전하기'에 대해 설명한다. 손을 잡고 안쪽을 향하도록 한다. 집단원들에게 1분 이내로 손을 잡은 상태에서 모두 바깥을 바라보게 서라고 주문한다. 주어진 시간 내에서 할 수 있도록 강조하면서 "60, 59, 58……." 60초를 준다. 해결하지 못하면 다시 시간을 조금씩 더 주고 해결해보라고 한다.
(정답: 두 사람이 맞잡은 손을 어깨 위로 올려서 들고, 맞은편의 집단원부터 일정한 순서대로 그 손을 통과하면 됨)

③ 지도자는 집단원들의 반응을 피드백하면서 적극적으로 참여할 수 있도록 촉진한다.

④ '빨래 널기'는 분대원들과 손을 잡고 둥글게 서도록 한다. 왼쪽 손을 잡은 사람과 오른쪽 손을 잡은 사람을 기억하도록 한 다음. 지도자는 손을 풀고 가운데로

들어가서 서로 위치를 뒤엉키게 한다. 위치를 많이 변경시킨 후에 각자 자기와 손을 잡았던 사람을 찾아서 손을 잡도록 하고 본래 원의 모습대로 복원해보도록 한다. 이때도 정해진 시간 동안 하도록 한다. 여러 번 하다보면 요령도 생기고 서로 편안해져서 빨리 할 수 있다.

⑤ 분대별로 익숙해지면 소대원이 모두 모여서 '빨래 널기'를 해본다.

⑥ '도미노'는 처음에 분대별로 일렬로 정렬하게 한 다음, 앞 뒤 사람의 몸이 딱 달라붙도록 밀착한 상태에서 앞 사람의 허리 또는 어깨를 꽉 붙잡도록 한다. 그런 다음 지도자가 뒷 사람의 무릎이 편안한 의자가 될 수 있도록 동시에 무릎을 굽혀서 앉아보도록 한다. 충분히 편안한 상태로 앉게 되면 "오른 발", "왼 발"을 외치면서 앞으로 전진하도록 한다.

⑦ 다음에는 소대원 전체가 모두 '도미노'를 해본다,

⑧ 활동을 다 마친 뒤에는 전체 소대원들이 모두 모여서 간단히 소감을 이야기 한다.

■ 적용

- 음악 CD를 준비하여 정해진 시간을 알려주면 더 활기차고 명랑한 분위기로 진행할 수 있다.
- 분대별로 각 게임을 진행해보고 소대원 전체를 함께 해 보는 등 융통성 있게 신체 활동을 하게 할 수 있다. 다만 분대별로 할 때 경쟁을 부추기지 말고 함께 하는 활동에 의미를 둘 수 있도록 지도자가 세심한 반응을 한다.

■ 유의점

- 지도자는 게임 활동에 흥미를 유발할 수 있도록 진행하고 집단원들의 태도나 행동에 대해 중간 중간 피드백하면서 모든 집단원들이 적극적으로 참여하고 자기 자신을 되돌아 볼 수 있도록 한다.

2. 부대 광고 제작

■ 활동내용

분대별로 부대의 광고를 만들어 소개하도록 한다. 협동하여 부대광고를 제작하면서 부대의 자랑거리 등을 함께 생각해 볼 수 있어 부대원으로서 자부심을 느끼게 하며, 협동 활동을 통해 결속력을 다질 수 있다.

■ 기대효과

- 부대의 자랑거리를 생각하여 자부심을 느낄 수 있다.
- 협동 활동을 통해 결속력을 강화할 수 있다.
- 서로의 의견 공유 및 협동 활동을 통해 신속한 문제 해결을 기른다.

■ 준비물

전지, 4절지, 매직, 크레파스 등

■ 진행과정

① 분대원들끼리 모이도록 하여 집단원들에게 다음의 조건을 제시하면서 부대를 잘 알릴 수 있는 광고를 만들도록 한다.

⋯▸ 조건: 1분 동안의 광고를 만들어라. 모든 구성원이 빠짐없이 참여하라. 노래와 춤이 포함되게 하라. 가급적 말은 생략하라.

② 30분 정도 시나리오를 구성하고 연습할 수 있는 시간을 준다.

③ 전체 소대원이 모두 모여서 분대별로 만든 광고를 발표한다. 광고 발표가 끝나면 광고 제작과정에 대해서 누구의 아이디어를 어떻게 발전시키게 되었는지 등에 대해 자세하게 그 협동과정을 설명하도록 한다.

④ 분대별 광고 발표가 끝나면 분대별로 1명씩 참여 소감을 발표한다.

■ 적용

- 분대별 적절한 경쟁을 유도하면 더 적극적으로 참여하게 할 수 있다. 하지만 분

대별 시연과정에 모두 집중해서 볼 수 있도록 하고, 마무리에는 각 분대별 협동 활동을 통해 부대광고가 완성되었음을 강조하여 지나친 분대별 경쟁이 되지 않도록 한다.

■ **유의점**

- 지도자는 아이디어 토의나 연습 과정에 돌아다니면서 집단원들의 행동 및 태도 등에 대해 피드백하면서 모든 집단원들이 적극적으로 참여할 수 있도록 유도한다.

3. 하나로 뜻 모아

■ 활동내용

집단원 각자에게 군 생활에서 중요한 덕목(가치관)중에서 5가지를 생각해 보도록 하고 둘씩 짝을 지어서 대화를 통해 5가지 중요 덕목을 도출하도록 한다. 4명, 8명, 전체 인원을 증가하면서 같은 방법으로 5가지 중요 덕목을 정하도록 한다. 그런 다음 이 중요 덕목을 상징화하여 표현한다.

■ 기대효과

- 자기 의사표현 및 상호의견 존중을 향상시킬 수 있다.
- 대화를 통한 합의과정을 체험할 수 있다.

■ 준비물

4절지, 전지, 매직, 크레파스, 사인펜

■ 진행과정

① 각자 군 생활에서 중요한 덕목(가치관) 5가지를 생각해보고 빈 종이에 적어보도록 한다. 이때 서로 보여주지 않도록 한다.

② 옆에 있는 사람과 짝이 되도록 하고 자신이 정한 5가지 덕목에 대해 의견을 교환하도록 한다. 그 다음 두 사람이 협의하여 그 중에서 중요한 5가지를 정하도록 한다.

③ 다시 4명이 한 조가 되어서 의견을 나누고 협의하여 5가지의 중요 덕목을 정하도록 하고 그 다음에 8명이 한 조가 되어서 5가지 중요덕목을 도출해내도록 하고 마지막에는 모두 모여서 똑같은 활동을 한다.

④ 중요 덕목이 도출되었으면 이것들을 가지고 시, 고백문, 상징화 등 전지 등에 하나의 작품으로 표현하도록 한다.

⑤ 완성되면 서로 활동하면서의 소감을 발표한다.

■ 적용

- 각자 한 가지 중요한 덕목을 선정하도록 하고 이러한 덕목을 모두 수용하여 작품으로 표현하게 함으로써 집단원들의 의견을 모두 반영하게 할 수도 있다.

■ 유의점

- 대화를 통한 협의 과정의 주된 선결과제로 다수결이나 가위바위보가 아니라 충분한 대화를 통해 합의과정으로 공동의 덕목을 정할 수 있도록 한다.

4. 진정한 전우 역할극

■ **활동내용**

각자 '진정한 전우'의 조건을 생각해 보도록 한 후, 같은 주제로 역할극 시나리오를 짜고 역할극을 시연하도록 한다.

■ **기대효과**

- 관계 개선을 위해서 자신이 먼저 바뀌어야 함을 알 수 있다.
- 전우 관계는 서로 돕고 의지하는 관계라는 것을 깨닫는다.
- 협동의식을 기르고 응집력을 향상시킬 수 있다.

■ **준비물**

역할극의 효과를 위한 다양한 물품

■ **진행과정**

① 다음의 지도자 멘트 이후에 '진정한 전우'를 주제로 각자 5분 동안 자유롭게 수필형식으로 짧은 글을 작성해보도록 한다.
"군 생활동안 우리는 많은 사람들을 만납니다. 소대장과 중대장을 비롯한 간부, 같은 소대인원들과 분대원, 선임병과 후임병……. 함께 있는 시간을 따지면 잠자는 시간 빼고 늘 함께 하는 이들도 있습니다. 그런데 여러분! 함께 있는 동안 여러분은 얼마나 행복합니까? 함께하는 시간만큼 전우들에 대해 많이 알고 신뢰가 쌓이고 서로 돕고 의지하고 있습니까? 갈등이 생기면 상대방의 탓이라고 생각하지는 않았는지요? 진정한 전우는 그냥 만들어지는 것이 아닙니다. 진정한 전우가 되기 위해서는 서로의 노력이 필요합니다. 군 생활동안 함께 지낼거라면 나 홀로 외롭게가 아니라 진정한 전우가 되어 우리로 지내는 것은 어떨까요? 어떻게 하면 진정한 전우가 될 수 있는지 여러분들의 마음 속에서 진정한 전우로 여겨지는 모습들을 생각해 보기 바랍니다."

② 작성한 내용들을 전체 집단원이 모여서 낭독하고 보충 설명을 하도록 한다.

③ 집단원 모두가 모여서 '진정한 전우'를 주제로 다음과 같은 조건으로 역할극 시나리오를 10분간 작성하도록 한다.

⋯▸ 조건: 역할극은 10분간 실시, 모든 인원이 등장, 최대한 효과를 살릴 수 있도록 준비

④ 시나리오 구성이 다 끝났는지를 확인하고, 이번에는 자유롭게 역할극을 30분 동안 연습 및 준비하도록 한다.

⑤ 역할극을 실시한다.

⑥ 준비과정 및 역할극을 실시하면서의 소감을 같이 이야기한다.

■ 적용

- 집단원 각자가 생각하는 '진정한 전우'의 우선 과제들을 모두 포함할 수 있도록 시나리오를 구성하게 함으로써 모두의 의견을 수렴하고 종합하는 태도를 기를 수 있다.
- 부대 내의 간부들과 다른 병사들이 모여 있는 자리에서 준비한 역할극을 시연하도록 하여, 집단원들이 더 적극적으로 활동에 참여하게 하고, 군 간부나 다른 병사들에게 인성교육 활동에 대한 이해를 돕고 홍보효과를 얻을 수 있다.

■ 유의점

- 시나리오 짜기나 연습하기 등은 정해진 시간 내에 할 수 있도록 한다.
- 집단원들이 내용 및 세부사항에 대한 질문을 하면, 지도자는 제시한 조건 내에서 알아서 하라고 하여 집단원들이 자유로운 분위기에서 창의성을 발휘하여 준비할 수 있도록 한다.

5. 이야기로 완성

■ 활동내용

각자 '행복한 병영 생활'을 주제로 그림을 그리도록 하고 그림을 완성 시킨 후 각자의 그림을 하나의 순차적인 이야기로 만드는 작업을 한다. 각자의 그림 작업을 마치고 한 가지 이야기로 완성시키는 과정에서 의견 공유 및 서로 협의과정을 도출하는 경험을 할 수 있다.

■ 기대효과

- 의견 수렴 및 합의 과정 등을 체험한다.
- 협동의 분위기가 함양된다.

■ 준비물

A4용지, 크레파스, 사인펜, 전지

■ 진행과정

① 집단원 각각 '행복한 병영 생활'을 주제로 그림을 그리도록 한다.
② 그림을 다 그렸으면 분대별로 모여서 각자의 그림을 보여 주면서 어떤 내용을 그렸는지 소개한다.
③ 그림이 순차적으로 들어가게 하면서 완성된 이야기를 만들어 보도록 한다. 특히 자신의 그린 그림의 의미가 그대로 반영될 수 있도록 이야기를 만들어 보라고 요구한다.
④ 전지에 순서대로 그림을 붙이도록 하여 소대원 전체가 모여 분대별로 발표하도록 한다.
⑤ 하나의 완성된 이야기를 설명할 때에는 한 사람이 대표로 하지 말고 각자의 그림 부분을 이야기하는데 처음부터 마지막이 잘 연결되도록 한다.

■ **적용**

• 주제를 다양하게 해서 적용할 수 있다.

■ **유의점**

• 각자의 그림 내용을 되도록 균등하게 반영하여 하나의 이야기로 완성하도록 한다. 주도적으로 나서는 사람이 있기 마련이나 집단원 모두가 협력하는 것이 중요함을 강조한다.

• 발표할 때 혼자서 장황하게 많은 시간을 차지하지 않도록 하고 또한 너무 빠르고 간단하게 하지 않도록 한다.

6. 전우 앨범 만들기

■ 활동내용

분대원들의 활동사진과 함께 인적사항과, 특기사항, 분대의 자랑거리 등이 포함된 앨범을 제작하도록 한다.

■ 기대효과

- 자신의 분대 생활을 되돌아보게 된다.
- 분대원들에 대해 관심을 가지게 할 수 있다.
- 눈에 보이는 성과물을 통해 협동 활동의 성취감을 느낄 수 있다.

■ 준비물

사진, 가위, 풀, 노트, 사인펜, 필기구, 클리어 파일

■ 진행과정

① 앨범제작에 앞서서 어떤 앨범을 작성할 것인지 계획을 세워보도록 한다. 다만 다음의 조건들은 꼭 포함될 수 있도록 미리 알려준다.

⋯▸ 조건: 분대원 인적사항(주소, 생년월일), 특기사항(성격, 특기, 취미, 좋아하는 일이나 상황), 분대 단체사진, 분대 내에서 특이하게 이루어진 사건이나 상황, 분대 자랑거리 등이 반드시 포함될 것.

② 계획이 구체적으로 세워졌으면 역할분담을 하도록 하고, 분대원 인적사항과 특기 사항에 대한 조사 등을 한다.

③ 각자 역할분담에 따라 앨범 만들기 작업을 한다.

⑤ 앨범을 다 만든 후에는 소대원들이 모두 모인 자리에서 앨범을 같이 보면서 분대별 앨범을 소개하도록 한다.

⑥ 앨범 만들기 과정에서의 느꼈던 소감을 자유롭게 발표하도록 한다.

■ 적용

- 분대원들이 집단 구성원이 아니라면 집단 구성원들에 대한 앨범을 만들어 보도록 한다. 마무리 단계에 실시하여 인성교육 기간의 활동들을 정리할 수 있도록 한다.
- 사진을 구하는 것이 어렵다면 분대원끼리 짝을 지어서 상대방의 분대활동 모습을 그려보도록 한 후 앨범 만들기에 활용할 수 있다.
- 이렇게 만들어진 앨범은 전역자의 선물로 활용할 수 있다.

■ 유의점

- 사전에 앨범 만들기 활동을 할 것이라는 것을 공지하여 앨범 만들기에 필요한 사진 등을 준비하도록 한다.

8장
종결 프로그램

■ **목표**

참여하면서 느꼈던 바를 재확인하고 정리하여 자기성찰의 극대화가 될 수 있도록 하고, 프로그램 종료 이후 생활에서도 실천의지를 다지도록 한다. 또한 자신과 타인에 대해 긍정적인 시각과 상호 존중감이 향상되도록 하여 협력관계 및 지지체계를 구축할 수 있도록 한다.

■ **중점사항**

- 자기성찰의 극대화
- 적극적인 지지와 격려 강조
- 긍정적으로 바라보는 시각 체험
- 관계를 돈독히하여 협력관계 구축
- 생활에서의 실천 강조

■ **프로그램**

1. 긍정의 피드백 카드
2. 힘나는 말 주고받기
3. 자신에게 쓰는 편지
4. 장점 드높이기
5. 나는
6. 자성예언
7. 행복한 터널 통과

1. 긍정의 피드백 카드

■ 활동내용

프로그램에 참여하면서 알게 된 집단원들의 긍정적인 부분이나 강점 등에 대해 피드백 글을 남기고, 이 내용을 집단원 앞에서 낭독하도록 하는 활동이다. 서로에 대한 긍정적인 관점에서의 피드백을 통해 응집력을 향상시킬 수 있다.

■ 기대효과

- 자신에 대한 집단원들의 긍정적 관점을 확인해 볼 수 있다.
- 자신의 긍정적인 요인들을 내면화할 수 있다.
- 타인에 대한 긍정적인 사고와 시각을 향상시킬 수 있다.
- 서로에 대한 친밀감이 쌓이고 지지적인 분위기가 된다.

■ 준비물

피드백 용지, 필기구 등

■ 진행과정

① 같은 분대원이 집중되지 않도록 8~10명의 소집단을 구성한다.

② 소집단별로 피드백 용지를 나누어 주고 각자의 별칭을 적도록 한다.

③ 피드백 적는 요령을 설명한 다음, 옆 사람에게 건네어 작성하도록 한다.
(피드백 적는 요령: 진심어린 심정으로, 인성교육 간 집단원들을 보면서 느꼈던 부분들을 생각하며, 긍정적인 관점과 상대방의 장점 위주로, 외모보다는 성격특성이나 구체적인 행동을, 희망의 메시지를 담아서!)

④ 피드백 용지 작성이 끝나면 순차적으로 일어서서 피드백 용지에 적힌 문구들을 읽고, 느낀 소감을 이야기하도록 한다.

■ 적용

- 분대원끼리 혹은 미리 잘 알고 있는 사람들이 집단원으로 구성되었다면 마무리

프로그램이 아니라 초반이나 중반부에 활용할 수도 있다. 초반이나 중반부에 피드백 카드를 활용하게 되면 오히려 집단원들에 대해 솔직한 내용으로 피드백 카드를 작성 하도록 하여 다른 사람들에게 자신이 어떻게 보이는지를 이해할 수 있는 프로그램으로 응용해 볼 수 있다.

■ 유의점

- 피드백 적는 요령을 강조하여 긍정적인 피드백 카드가 될 수 있도록 한다.
- 지도자도 피드백 카드 작성에 같이 참여하여 피드백을 풍성하게 하고, 집단원들로부터의 긍정적인 피드백을 받아 본다.

2. 힘나는 말 주고받기

■ 활동내용

살아오면서 주위사람들에게 어떤 말을 들었을 때 힘이 났었는지, 혹은 듣고 싶은 말이 무엇이었는지, 자신을 공감해주는 한 마디, 즉 '힘나는 말'을 생각해보도록 하여 집단원 모두가 그 사람을 향해 그 말을 실감나게 이야기해주는 활동이다.

■ 기대효과

- 스스로 듣고 싶었던 말이 무엇인지 자각 할 수 있다.
- 긍정적인 한마디 말의 효력을 체험할 수 있다.
- 집단원들의 지지적인 분위기를 체험할 수 있다.
- 생활에서 긍정의 self-talk로 활용할 수 있다.

■ 준비물

필기구. 칠판이나 전지

■ 진행과정

① 각자 자신을 힘나게 하는 한 마디를 생각해 보도록 지도자가 멘트 한다.

② 각자 생각해 볼 수 있는 시간을 준다.

③ 한 사람씩 힘나게 하는 한 마디를 이야기하도록 하고 지도자는 그것을 모든 사람들이 볼 수 있게 그대로 받아 적는다.

⑤ 집단 구성원들에게 그 한 마디 말을 다 같이 그 사람을 보면서 3번씩 큰 소리로 외치도록 한다.

⑥ 지도자가 선창하면서 "하나, 둘, 셋!"하면 집단원들이 모두 외치도록 한다.
"자 하나, 둘, 셋!" "그래 ㅇㅇ아! 네가 최고다. "
"또 한 번." "그래 ㅇㅇ아! 네가 최고다."
"더 큰 목소리로 다시." "그래 ㅇㅇ아! 네가 최고다."

⑦ 그 말을 들은 사람은 기분이 어떤지 소감을 얘기하도록 한다.

⑧ 다음 차례로 넘어가서 반복한다.

⑨ 긍정적인 한마디 말의 위력에 대해서 이야기하면서 생활에서도 지속적으로 자기 자신에게 말을 해주고 주위사람들에게도 지속적으로 할 수 있었으면 좋겠다는 말을 하며 마무리 한다.

■ **적용**

- 힘나게 하는 말을 서로 둘씩 짝을 지어 상대방이 찾아보게 한다거나 한 명씩 가운에 앉아있도록 해서 각자 프로그램에 참여하면서 그 사람에게 들려주고픈 이야기를 하게 할 수도 있다. 다만 이때에는 긍정적인 관점에서 적극적인 지지와 격려가 될 수 있는 용어를 사용하도록 강조한다.

■ **유의점**

- 지도자는 집단원이 하는 말을 가감없이 그대로 받아 적는다.
- 지도자가 선창할 때 이야기한 사람을 바라보면서 어조를 적절하게 하여 실감나게 말해준다.
- 집단원들이 같이 이야기할 때는 힘을 실어주는 말이니 만큼 모두 상대방을 쳐다보면서 힘을 실어서 이야기하자고 하면서 지지적인 분위기를 이끈다.
- 주로 집단의 마무리 활동에 이루어지므로 소집단으로 나누지 않고 인성교육에 참여하는 모든 인원이 모여서 하도록 한다.

3. 자신에게 쓰는 편지

■ 활동내용

프로그램 전체를 회상하면서 자신에게 편지를 써보도록 하고 그 편지를 집단원 앞에서 낭독한다. 스스로에게 편지를 써봄으로써 실천의지를 다지는 기회가 될 수 있다.

■ 기대효과

- 느꼈던 점들을 정리해 볼 수 있고 실천의지를 다질 수 있다.

■ 준비물

편지지, 편지봉투, 필기구, 음악 CD 등

■ 진행과정

① 전체 프로그램의 활동 내용을 떠올리며, 각자 느꼈던 점들을 회상해보는 시간을 가진 후에 자기 자신에게 편지를 써보도록 한다.

② 편지쓰기 전에 미리 프로그램 과정을 통해 어려웠던 점, 얻은 점 또는 잃은 점, 새롭게 깨닫게 된 점, 변화된 점, 그리고 자기 자신에게 하고 싶은 말 등 자유롭게 편지형식으로 쓰라고 자세히 설명을 하여 프로그램 소감문 형식의 편지가 되도록 한다.

③ 편지작성이 다 끝나면 돌아가면서 낭독한다.

④ 낭독 후에는 전체적으로 소감을 나누며 마무리한다.

⑤ 낭독한 편지는 각자 편지 봉투에 담아 지도자가 수거하여 프로그램 종료시에 나누어 준다.

■ 적용

- 편지쓰기의 대상을 적절하게 변경하여 활용할 수 있다. 부모님에게, 친구에게, 소중한 사람에게, 애인에게, 미래의 나에게 등등.

- 다른 사람의 입장에서 자기 자신에게 쓰는 편지로 활용할 수 있다. 부모님, 친구, 애인의 입장이 되어 자신에게 편지를 쓰게 하는 것이다.
- 솔직하게 자신에게 편지를 써보는 것이 우선이므로 낭독 여부는 지도자가 적절하게 고려하여 결정한다.
- 지도자가 수거한 편지를 한 달 정도 시간이 지난 후 나누어 주면서 추수 안부를 묻는 계기로 활용할 수 있다.

■ **유의점**

- 자신이 생각하고 느꼈던 바를 자유롭게 기술할 수 있도록 편안한 분위기를 만든다.

4. 장점 드높이기

■ 활동내용

용지에 자신의 장점을 일정한 수만큼 적는다. 그 용지를 집단원들에게 순차적으로 넘기도록 하는데, 집단원들은 용지에 적혀있지 않은 장점을 찾아 적는다. 자신이 생각했던 부분 외에 집단원들이 추가해 주는 장점을 보면서 자신의 장점을 더 많이 인지하게 되고, 자신과 타인에 대한 긍정적인 관점이 개발된다.

■ 기대효과

- 자기 장점에 대한 재인식의 기회가 된다.
- 집단원들의 추가해주는 장점을 통해 기분이 고양된다.
- 자신과 타인의 장점을 찾아주면서 긍정적인 관점이 개발된다.

■ 준비물

색지, 필기구

■ 진행과정

① 색지를 나누어 주고 별칭을 적고 자신의 장점을 써보도록 한다. 다섯에서 열 정도의 범위에서 일정한 개수를 정하여 그 개수만큼 장점을 적어보도록 한다.

② 모든 집단원들이 정해진 개수만큼 자신의 장점을 다 적었으면, 같은 분대인원이 집중되지 않도록 8~10명 정도의 소집단을 구성한다.

③ 소집단별로 돌아가면서 용지를 받아서, 거기에 적혀있지 않은 그 사람의 장점을 찾아 추가로 적어준다. 단, 프로그램 과정에서 보였던 태도나 행동위주의 구체적인 내용을 적도록 강조한다.

④ 자기에게 용지가 돌아오면 한 사람씩 자신의 장점을 소집단별로 집단원들 앞에서 발표하고 이에 따른 소감을 이야기한다.

■ 적용

- 자신의 장점뿐만 아니라 단점에 대해서도 정해진 개수만큼 찾아서 집단원 앞에서 발표하도록 하여 자기이해 및 타인이해 프로그램으로 활용할 수 있다. 이러한 프로그램으로 활용할 때는 종결이 아닌 중반부에 구성하도록 한다.

■ 유의점

- 보통 자신의 장점 찾기가 익숙하지 않은 경우가 많아서 많은 개수보다는 다섯에서 열 개 정도의 범위에서 개수를 명확하게 제시해주는 것이 좋다.
- 다른 집단원들이 장점을 찾아줄 때는 프로그램 중에 보였던 태도나 행동위주로 구체적으로 제시해 줄 것을 당부한다.

5. 나는

■ 활동내용

인성교육에서 배우고 느낀 점을 전체적으로 종합해보는 활동으로 제시된 질문에 대한 소감을 작성하여 집단원들 앞에서 발표한다. 자유롭게 소감문을 작성하도록 하는 것보다 구체적인 항목들을 제시해 줌으로써 인성교육간 느끼고 생각했던 부분들을 여러 측면에서 정리할 수 있는 기회가 된다.

■ 기대효과

- 인성교육의 경험을 종합적으로 정리해 볼 수 있다.
- 새롭게 자신에 대해 자각하게 되면서 자기성찰을 할 수 있다.

■ 준비물

소감문 작성 활동지, 필기구

■ 진행과정

① 전체 프로그램을 시간의 흐름에 따라서 어떤 과정을 거쳐 왔는지 자세하게 집단원들이 회상할 수 있도록 하면서 함께 이야기한다.
② 소감문 작성 활동지를 나누어 주고 각자 조용히 작성하도록 한다.
③ 소감문 작성이 끝나면 인접한 사람과 짝을 지어서 소감문을 교환한다.
④ 돌아가면서 교환한 소감문을 낭독하도록 한다.
⑤ 낭독할 때 소감문을 작성한 사람도 같이 일어서도록 하고, 낭독이 끝나면 덧 붙이고 싶은 내용들을 이야기하도록 한다.
⑥ 모든 집단원이 발표가 끝나면 지도자는 실천을 당부하면서 프로그램을 마무리 한다.

■ 적용

- 소감문을 모두 수거하여 일정 기간(한 달 정도)이 지난 후에 편지봉투에 담아

지도자의 추후 안부 메시지와 함께 집단원에게 보낼 수도 있다.

- 추후 안부에는 인성교육을 마치고 잘 지내고 있는지, 다짐했던 부분들을 실천하고 있는지 등을 물으며 다시 한 번 인성교육 기간 동안 깨달았던 점들을 상기하도록 하는 내용을 적는다.

■ 유의점

- 소감문 작성 시 프로그램을 잘 정리하는 것이 중요하다는 점을 이야기 하면서 구체적으로 기술할 수 있도록 하고 가능하면 지도자도 함께 작성하여 낭독하도록 한다.

나는

⊙ 지금 나의 느낌은

⊙ 어렵거나 불편했던 점

⊙ 새롭게 알거나 깨달은 점

⊙ 집단원들에게 하고 싶은 말

⊙ 나는 꼭 이것만은 실천하겠습니다.

1.

2.

3.

년 월 일 참가자 OOO

6. 자성예언

▪ 활동내용

자성예언은 자기 스스로 목적한 바를 성취했다고 미리 말하는 것으로 삶의 목표 설정 및 실천의지를 다지는 데 도움이 된다. 이 활동은 실생활에서 실천할 수 있는 자성예언 문구를 작성하여 집단원들 앞에서 암기하고 외치면서 일상 생활에서의 실천을 다짐하도록 한다.

▪ 기대효과

- 자신의 삶에 중요한 덕목을 설정할 수 있다.
- 가치관을 명료화할 수 있다.
- 자성예언 항목을 내면화시켜 실천의지를 다진다.

▪ 준비물

자성예언 덕목표, 빈 용지 2장, 필기구 등

▪ 진행과정

① 자성예언에 대해 설명을 한다. "자성예언이란 자기 스스로 목적한 바를 성취했다고 미리 말하는 것으로써, 목표를 확고히 하고 자기가 뜻하는 바를 반드시 이루고야 말겠다고 마음을 굳게 다짐하는 것입니다. 생활에서 어떠한 덕목들을 실천하면서 살아갈 것인지를 생각해 보도록 합니다."

② 자성예언 덕목표를 참고하여 각자 생활에서 실천할 수 있는 덕목을 10~20가지를 설정하여 '나의 자성예언'을 동일하게 2부를 작성하도록 한다.

③ 한 부는 본인이 가지고, 또 다른 한부는 지도자에게 제출한다.

④ 5분 정도 암기할 시간을 주고, 암기를 다한 사람부터 앞으로 나와서 자성예언을 처음부터 끝가지 큰 목소리로 외친다. 이 때 큰 목소리와 시선처리 등 당당한 자세와 태도로 완전히 암기를 해야 합격하고 그렇지 않으면 불합격을 시켜서 합격할 때까지 다시 하도록 한다. 합격한 사람에게는 제출했던 '나의 자성예

언'에 합격이라고 적어서 나누어 준다.

⑤ 집단원 모두가 합격하면, 각자의 활동 중의 느낌과 소감을 발표하도록 한다.

⑥ '나의 자성예언'을 내무실에서 잘 보이는 곳에 부착하여 실천할 수 있도록 당부한다.

■ **적용**

- 자성예언 활동을 한 회 안에 모두 진행할 수도 있지만 한 회의 끝 무렵에 자성예언 목록만 작성하고 생활하면서 암기하도록 한 후 그 다음 시간에 암기여부를 확인하는 과정을 진행할 수도 있다.
- 제출했던 '나의 자성예언'을 인성교육 프로그램 종료 시에 나누어 주면서 활동내용을 되새기게 할 수 있다.

■ **유의점**

- 자신이 실천할 수 있는 덕목으로 작성할 수 있도록 당부한다.
- 집단원들이 한 사람씩 앞에 나와서 암기할 때 각자 자신의 덕목을 암기하면서 소란스러워질 수 있는데 합격여부를 집단원 전체의 반응으로 결정하도록 해서 암기하는 집단원에게 집중하도록 한다.

자성예언 덕목표

1. 나는 의지력이 강하다.
2. 나는 신념과 용기가 있다.
3. 나는 진리찾기에 힘쓴다.
4. 나는 양심적이다.
5. 나는 상대방 입장을 생각하고 행동한다.
6. 나는 언행을 신중히 한다.
7. 나는 성실하고 책임감이 강하다.
8. 나는 나 자신과의 약속을 반드시 지킨다.
9. 나는 솔선수범한다.
10. 나는 내 잘못을 고치기에 주저하지 않는다.
11. 나는 가정을 화목하게 한다.
12. 나는 실패에 좌절하지 않는다.
13. 나는 성공에 겸손하다.
14. 나는 계획한 일을 잘 실천한다.
15. 나는 효자이다.
16. 나는 인간관계가 좋은 사람이다.
17. 나는 남의 인격을 존중한다.
18. 나는 예의바르고 단정하다.
19. 나는 즐겁게 생활한다.
20. 나는 00 전문가다.
21. 나는 정의를 위해 용감하게 행동한다.
22. 나는 언제 어디서나 꼭 필요한 사람이다.
23. 나는 말과 행동이 일치한다.
24. 나는 관용을 베푼다.
25. 나는 신뢰로운 사람이다.
26. 나는 나 자신을 잘 다스린다.
27. 나는 남에게 친절하다.
28. 나는 공명정대하다.
29. 나는 적극적이다.
30. 나는 내가 한 일에 책임을 진다.
31. 나는 최선을 다한다.
32. 나는 감사하는 마음을 갖는다.
33. 나는 남의 이야기를 주의 깊게 듣는다.
34. 나는 00기업의 00이다.
35. 나는 000의 꿈을 이룬다.
36. 나는 법과 질서를 지킨다.
37. 나는 나의 뿌리를 아는 사람이다.
38. 나는 솔직하다.
39. 나는 능력이 있고 쓸모 있는 사람이다.
40. 나는 쾌활하고 명랑하다.
41. 나는 단정한 사람이다.
42. 나는 남을 용서할 수 있는 사람이다.
43. 나는 남을 도와주는 사람이다.
44. 나는 자주적인 사람이다.
45. 나는 지혜로운 사람이다.
46. 나는 유머감각이 있다.
47. 나는 행복한 사람이다.
48. 나는 사랑할 수 있는 사람이다.
49. 나는 열정적인 사람이다.
50. 나는 부드럽고 따뜻한 사람이다.
51. 나는 내 인생의 주인공이다.
52. 나는 끈기가 있다.
53. 나는 정감있는 사람이다.
54. 나는 인간관계가 폭 넓다.
55. 나는 할 일을 찾아서 한다.
56. 나는 항상 준비한다,
57. 나는 끝까지 열심히 한다.
58. 나는 절약한다.
59. 나는 결과에 집착하지 않고 최선을 다한다.
60. 나는 후회하지 않는다.

7. 행복한 터널 통과

■ 활동내용

집단원 모두 두 줄로 마주보고 서도록 한 후, 끝에 선 사람이 한 명씩 두 줄 사이로 지나가도록 한다. 이때 양 옆에 서있는 집단원들은 지나가는 사람에게 칭찬을 해주거나 들으면 기분이 좋아지는 말을 하도록 한다. 모든 집단원들이 통과한 이후에는 다시 순서대로 지나가도록 하는데 이 때에는 비언어적인 방법으로 표현하도록 한다.

■ 기대효과

- 호의적인 반응을 해주는 집단원들 사이를 지나가면서 행복감을 경험할 수 있다.
- 집단원들과의 친밀감이 더욱 돈독해진다.

■ 준비물

터널을 만들 수 있는 장소

■ 진행과정

① 모든 집단원들이 양팔 간격으로 하여 두 줄로 마주서도록 한다.

② 한쪽 끝에 선 사람 중 한 사람이 두 줄 사이를 통과하도록 한다. 그러면 집단원들은 지나가는 사람에게 칭찬이나 행복해하는 말을 해주도록 한다. 예를 들면"ㅇㅇ아 너랑 함께해서 좋았다", "ㅇㅇ아 너는 멋진 사람이다!", "ㅇㅇ아 사랑한다!", "ㅇㅇ아 너는 잘 할 수 있을 거야!"하는 식으로 언어로 표현하도록 한다.

③ 순서가 다 끝나면 이번에는 다시 처음 사람이 순차적으로 두 줄 사이를 통과하도록 한다. 그러면 집단원들은 지나가는 사람에게 껴안아주거나, 손을 잡고 손등을 두드려주거나 미소를 짓는 등의 비언어적인 방법으로 지나가는 사람을 행복하게 만들도록 한다.

④ 다 같이 원을 만들어 서서 자연스럽게 터널통과 할 때의 소감을 이야기하고 마무리한다.

■ **적용**

• 터널을 만들 장소가 없으면, 집단원이 모두 둥글게 모여 앉도록 하여 한 사람씩 그 원을 안쪽에서 순차적으로 돌도록 할 수도 있다.

■ **유의점**

• 집단원들끼리 충분히 알고 신뢰감이 쌓인 집단의 맨 마지막에 활용하고 밝은 분위기 속에서 진행될 수 있도록 한다.

참고문헌

금명자, 장미경, 양미진, 이문희, 김은영 (2003). 『또래상담자 훈련 프로그램』. 한국 청소년상담원.

동서심리상담연구소 (2004). 『이제는 부모자격증 시대』. 서울: 동서심리상담연구소.

방기연, 송종건, 정연태, 한민자 (1998). 『심성수련』. 서울: 도서출판 한국인성개발.

육군본부 (2001). 『소부대 팀웍 개발 기법』. 대전: 육군인쇄창.

육군본부 (2004). 『장병인성교육프로그램』. 대전: 육군인쇄창.

전국재, 우영숙 (2005). 『놀이로 여는 집단상담기법』. 서울: 시그마프레스.

천성문, 김남희, 김정남, 박미선, 박원모, 배정우, 조정선, 한미경 (2004). 『집단상담프로그램』. 서울: 학지사.

제3부

군 인성교육 프로그램의 활용

1장 군 생활 적응 향상을 위한 프로그램

2장 소대원 관계 향상을 위한 프로그램

3장 활기찬 부대생활을 위한 프로그램

4장 전역 연계를 위한 프로그램

지금까지 2부에서는 개별 인성교육 프로그램들을 활용목적에 따라 정리하여 설명하였다. 이제 3부에서는 이들을 실제 장병 인성교육 장면에서 활동할 수 있도록 개별 프로그램들을 주제별로 구성해 보았다.

주제는 표1과 같이 크게 4가지로 선정하였다.

표1. 주제별 주요내용

주 제	주요내용
군 생활 적응 향상을 위한 프로그램	• 자기와 소대원들을 이해하고 군 생활에 대해 알아감으로써 군 생활에 자신감을 가질 수 있도록 하는 프로그램
소대원 관계개선을 위한 프로그램	• 소대원들의 진정한 내면의 만남을 통해 더욱 끈끈한 전우임을 확인하고 군생활간 서로 지지자로서 기능을 할 수 있도록 돕는 프로그램
활기찬 군 생활을 위한 프로그램	• 군 생활동안 원활한 의사소통기술을 익히고 문제해결능력을 향상시킴으로써 활기찬 군 생활을 할 수 있도록 하는 프로그램
전역연계를 위한 프로그램	• 전역 이후의 삶과 진로에 대해 구상해 봄으로써 군 생활동안의 목표를 설정하고 실천할 수 있도록 도와 보람된 군 생활을 영위하도록 하는 프로그램

각 주제별 프로그램들은 군 인성교육에 순차적으로 실시할 수 있게 구성되었다. 4가지 주제는 연계성을 가지고 있지만 우선 순위가 있는 것은 아니다. 그리고 주제별로 주요 프로그램이 다르기 때문에 소대원들의 상황이나 관계 등을 고려하여 적절한 프로그램을 선택하여 우선적으로 실시할 수 있다. 또한 지도자가 시간이나 교육 환

경, 준비물품, 장병들의 처한 상황 등을 판단하여 일부 프로그램들은 유사한 목표를 지닌 다른 프로그램으로 대체하여 사용할 수 있음을 밝힌다.

각 주제별 프로그램은 표2와 같이 도입 단계, 전개 단계, 마무리 단계로 세단계로 구성되어 있다. 도입 단계는 본 프로그램에 들어가기 전의 워밍업 단계로 자기개방 및 친교활동이 중심이 되는 프로그램으로 이루어져 있다. 전개 단계는 목적에 맞는 프로그램을 확실하게 학습할 수 있도록 하는 단계로 프로그램의 주제와 목적에 맞는 주요 프로그램으로 구성되었다. 그리고 마무리 단계는 배운 내용을 다시 한 번 상기시키고 생활에 반영될 수 있도록 강화하는 단계로 실천 계획을 수립하고 요약 및 정리할 수 있는 프로그램으로 구성되었다.

표2. 프로그램 구성단계

도입 단계	전개 단계	마무리 단계
자기개방 친교활동	교육의 목표에 부합되는 주요프로그램	실천계획 요약 및 정리

각 주제별 프로그램은 목적에 맞는 6개의 소주제를 정하고 이에 따른 세부 프로그램들로 구성하였다. 소주제별 총 6회로 구성되었으며 회당 2시간이 소요된다. 이들은 하루나 이틀 동안 연속하여 진행할 수도 있고, 주당 1회씩 6주 동안, 혹은 2회씩 3일간 진행할 수도 있다. 각 회에 구성된 세부 프로그램들의 효율적인 진행을 위해 세부 활동들이 소요되는 시간을 표준화하여 정리하였다. 준비물 등 자세한 실시 방법은 참고 페이지를 보고 해당 내용을 찾아보면 된다.

군 생활 적응 향상을 위한 프로그램

1. 주제의 구성

이 주제는 장병들의 군 생활 적응을 돕기 위한 것이다. 일부 장병들은 군 생활에 의욕을 가지고 맡은 업무의 숙련도를 높이려고 애쓰며 건강한 군 적응을 위해 노력한다. 하지만 일부 장병들은 군 생활을 마칠 때까지도 군 생활이 자기 인생의 암흑기 혹은 걸림돌이라 생각하며 매사에 어떻게 하면 쉽고 편하게 지낼 수 있을지를 생각하며 부적응적인 모습을 보이는 경우도 있다. 이들의 차이를 살펴보면 군 생활을 자신의 현실적인 삶의 일부로 받아들이고, 자신의 태도나 행동에 따라 군 생활의 질이 달라진다는 생각을 지니고 있는지 그 유무에서 비롯된다고 생각된다. 따라서 자신의 군 생활에 대한 태도를 스스로 점검해 보고 주위 장병들의 태도 및 생활모습을 이해하는 시간을 가짐으로써 군 생활동안 더욱 자발적이고 적극적으로 생활하도록 하는 계기가 필요하다. '군 생활 적응 향상을 위한 프로그램'은 이러한 취지하에 설계되었다.

이 주제에 구성된 프로그램들은 장병들이 군 생활을 삶의 일부로 긍정적으로 받아들이고, 자발적이고 적극적으로 군 생활을 할 수 있게 돕는 것이다. 즉 자신의 모습을 되돌아보며 자기를 이해하고, 자신이 바라는 것이 무엇인지를 알도록 한다. 또한 자신을 전우들에게 드러냄으로써 전우관계의 단절을 해소하고 서로 이해하고 배려하는 마음을 지니도록 하는데 초점을 두었다. 그리고 무엇보다 장병들이 군 생활의 목표를 정확히 인식하고 실천할 수 있도록 도와 군에서 보다 건강하고 행복한 생활을 할 수 있게 하고자 한다.

이 주제의 세부적인 프로그램 구성은 표3과 같다.

표3. 군 생활 적응 향상을 위한 프로그램 구성

단 계	회	소 주 제	개별 프로그램
도입	1회	**자기소개 및 프로그램 동기화**	• 별칭지어 소개하기 • 집단규칙 친밀감 형성을 돕는 • 게임 활동 : 난처하네요 • 물어봐 대답할게
전개	2회	**자기이해 및 타인이해**	• 생애 돌아보기
	3회	**자신과 타인의 장단점 이해**	• 성공을 파는 마술가게
	4회	**전우 관계 개선**	• 이야기로 완성 • 진정한 전우 만들기
마무리	5회	**군 생활 설계**	• 가장 전역식 • 군 생활 계획세우기
	6회	**계획 실천화 다짐**	• 자성예언 • 자신에게 쓰는 편지

2. 프로그램의 실제

1회 : 자기소개 및 프로그램 동기화

목표	• 전체 프로그램에 대한 이해와 프로그램의 필요성을 인식시킨다. • 집단원간의 친밀감을 형성하도록 한다.		
과정	활동 내용	시간(분)	참고 페이지
도입	• **전체 프로그램에 대해 간략하게 소개하기** – 프로그램의 목적 및 기대효과들을 중심으로 소개	5분	
전개	• **별칭지어 소개하기** – 별칭 짓기(5분) – 소개하기(20분)	25분	P.48
	• **집단규칙** – 집단규칙에 대한 설명 및 내용 추가하기(5분) – 집단규칙 낭독 및 서명하기(2분)	7분	P.53
	• **친밀감 형성을 돕는 게임 활동 : 난처하네요** – 조 구성 및 게임설명(5분) – 게임 활동(30분) – 간단한 한 마디 소감 발표로 마무리 (5분)	40분	P.58
	• **물어봐 대답할게** – 프로그램 설명(3분) – 본 활동(25분) – 소감 나누기 및 마무리(5분)	33분	P.67
마무리	• **분대대표 1~2명이 1회의 활동을 통해 느낀 점 발표(7분)** • **마무리(3분)**	10분	

2회 : 자기이해 및 타인이해

목표	• 자신의 지난 삶을 되돌아보며 자기 자신에 대한 이해를 돕는다. • 현재 자신의 삶도 과거와 연결되어 있으며 앞으로의 미래의 삶도 연결되어 있다는 것을 이해할 수 있도록 한다.		
과정	**활동 내용**	**시간(분)**	**참고 페이지**
도입	• **2회의 활동목표와 활동내용 설명**	5분	
전개	• **생애 돌아보기** – 맨손 체조 및 이완 활동(10분) – 삶에 대한 회고 명상(10분) – 생애도표 작성하기(20분) – 생애도표 발표하기(60분)	100분	P.81
마무리	• **분대대표 1~2명이 1회의 활동을 통해 느낀 점 발표(12분)** • **마무리(3분)**	15분	

3회 : 자신과 타인의 장단점 이해

목표	• 자신과 타인의 성격 및 행동특성을 이해한다. • 자신의 변화하고 싶은 모습을 구체화시킬 수 있다. • 서로에 대한 신뢰가 깊어져 활발한 상호작용이 일어난다.		
과정	**활동 내용**	**시간 (분)**	**참고 페이지**
도입	• **3회의 활동목표와 활동내용 설명**	5분	
전개	• **성공을 파는 마술가게** – 색종이 분배 및 자신의 단점 적기(5분) – 짝을 지어서 단점에 대해서 이야기하기(10분) – 마술가게에 대한 설명(5분) – 당장 고치고 싶은 단점 선택하기(5분) – 마술가게 활동하기(명당 3분씩 75분)	100분	P.85
마무리	• **분대대표 1~2명이 3회의 활동을 통해 느낀 점 발표(12분)** • **마무리(3분)**	15분	

4회 : 전우관계 개선

목표	• 전우관계는 서로 돕고 의지하는 관계라는 점을 알 수 있다. • 관계 개선을 위해 자신이 먼저 바뀌어야 함을 안다. • 전우관계를 개선하기 위한 방법을 찾을 수 있다.		
과정	**활동 내용**	**시간(분)**	**참고 페이지**
도입	• **4회의 활동목표와 활동내용 설명**	2분	
전개	• **이야기로 완성** – "행복한 병영생활" 그림 그리기(10분) – 분대원들에게 그림 소개하기(10분) – 분대원들과 이야기 구성하기(5분) – 이야기 발표하기(12분) – 활동내용 정리(3분)	40분	P.207
	• **진정한 전우 만들기** – 친한 친구 3명 떠올리기(5분) – 색종이에 질문의 답 적기(5분) – 분대별로 친했던 친구 소개하기(15분) – 분대별로 친한 친구가 되기 위해 필요한 행동 정하기(10분) – 정해진 행동 발표 및 게시하기(10분) – 진정한 전우를 사귀기 위한 나만의 실천행동 목록 정하기(5분) – 실천행동 목록 낭독(25분)	75분	P.134
마무리	• **마무리**	3분	

5회 : 군 생활 설계

목표	• 군 생활 중 자신의 모습이나 중요 욕구에 대해 정확히 안다. • 군에서의 구체적인 생활 계획을 수립한다. • 수립한 생활계획의 실천의지를 다진다.		
과정	**활동 내용**	**시간(분)**	**참고 페이지**
도입	• **5회의 활동목표와 활동내용 설명**	3분	
전개	• **가상 전역식** – 가상 전역식 활동에 대한 설명(2분) – 전역사 작성(10분) – 전역사 발표(45분) – 소감 청취 및 활동내용 정리(5분)	62분	P.175
	• **군 생활 계획세우기** – 성공적인 복무생활과 관련된 동영상 시청(10분) – 자신의 군 생활에 대한 회고 명상(5분) – 꼭 해보고 싶은 일 5가지 선정 작성(5분) – 군 생활계획 세우기 활동(10분) – 수립한 생활계획 발표(15분)	45분	P.177
마무리	• **분대별 1명씩 전체 활동 소감 발표하기 (7분)** • **마무리(3분)**	10분	

6회 : 계획 실천화 다짐

<table>
<tr><td>목표</td><td colspan="3">• 자신의 삶에 중요한 덕목을 설정할 수 있다.
• 전체 프로그램을 통해 깨달은 점을 정리하고 생활에서의 실천의지를 다진다.</td></tr>
<tr><th>과정</th><th>활동 내용</th><th>시간(분)</th><th>참고 페이지</th></tr>
<tr><td>도입</td><td>• 6회의 활동목표와 활동내용 설명</td><td>3분</td><td></td></tr>
<tr><td rowspan="2">전개</td><td>• 자성예언
– 자성예언에 대한 설명(2분)
– 나의 자성예언 작성(10분)
– 지도자에게 제출(2분)
– 자성예언 암기(5분)
– 자성예언 외치기(45분)
– 활동 마무리(3분)</td><td>67분</td><td>P.223</td></tr>
<tr><td>• 자신에게 쓰는 편지
– 전체프로그램 내용 회고 및 느낀 점 회상(5분)
– 편지 쓰기(10분)
– 편지 낭독(30분)</td><td>45분</td><td>P.216</td></tr>
<tr><td>마무리</td><td>• 지도자 소감 발표 및 마무리</td><td>5분</td><td></td></tr>
</table>

소대원 관계 향상을 위한 프로그램

1. 주제의 구성

아리스토텔레스가 말한 "인간은 사회적 존재(Homo politicus)"라는 말처럼 인간관계는 사람들의 삶이라고 할 수 있다. 인간의 생존을 위해서는 타인의 도움이 필요하기 때문에 대인관계는 필수적이며, 여러 가지 형태의 끊임없는 대인관계를 맺으며 살고 있다. 다른 사람과의 친밀하고 효율적인 관계는 인간의 행복과 불행, 만족과 불만족을 결정하는 핵심적인 요소이며, 성장과정 속에서 대인관계의 폭과 깊이를 키워나간다. 군 생활에서도 마찬가지이다. 군생활의 심리적 갈등요소 및 부적응 행동은 무엇보다도 대인관계에서 비롯되는 경우가 많다. 특히 장병들의 대인관계는 계급문화 속에서의 한시적인 관계라는 측면으로 인해 소홀하게 될 가능성이 있다. 그러나 같은 소대 및 분대원과의 원만한 관계는 군 생활 적응에서 필수적인 요소이며 전투력에서도 반드시 필요한 부분이다. 따라서 이 주제에 구성된 프로그램들은 군 생활간 원활한 대인관계를 맺을 수 있도록 돕고, 소대원간의 관계 향상을 돕기 위한 것이다. 자신의 대인관계 방식을 이해하고 소대원들의 진정한 내면의 만남을 통해 더욱 끈끈한 전우임을 확인하며 군생활간 서로 지지자로서 기능을 할 수 있도록 돕고자 한다.

이 주제의 세부적인 프로그램 구성은 표4와 같다.

표4. 소대원 관계 향상을 위한 프로그램 구성

단 계	회	소 주 제	개별 프로그램
도입	1회	**자기소개 및 프로그램 동기화**	• 별칭지어 소개하기 • 자기소개 • 집단규칙 • 친밀감 형성을 돕는 • 게임 활동 : 침몰 하는 배 • 걸림돌 없애기
전개	2회	**자기개방 및 전우에 대한 이해1**	• 이야기 털어 놓기 • 잊혀지지 않는 일
	3회	**자기개방 및 전우에 대한 이해2**	• 가족을 소개합니다
	4회	**자신의 전우관계 이해**	• 거울을 보아요 • 분대원 관계지도 그리기
마무리	5회	**진정한 전우에 대한 회고**	• 진정한 전우 역할극
	6회	**전우관계 개선 방법 및 마무리**	• 전우관계 향상 행동지침 • 긍정의 피드백 카드

2. 프로그램의 실제

1회 : 자기소개 및 프로그램 동기화

목표	• 전체 프로그램에 대한 이해와 프로그램의 필요성을 인식시킨다. • 집단원간의 친밀감을 형성하도록 한다.		
과정	**활동 내용**	**시간 (분)**	**참고 페이지**
도입	• **전체 프로그램에 대해 간략하게 소개** – 프로그램의 목적 및 기대효과들을 중심으로 소개한다.	5분	
전개	• **별칭지어 소개하기, 자기 소개하기** – 별칭 짓기(5분) – 자기소개 항목 작성(5분) – 소개하기(30분)	40분	P.48 P.51
	• **집단규칙** – 집단규칙에 대한 설명 및 내용 추가하기(4분) – 집단규칙 낭독 및 서명하기(2분)	6분	P.53
	• **친밀감 형성을 돕는 게임 활동 : 침몰하는 배** – 게임 설명 및 게임 활동(15분) – 분대 대표 1명이상 소감 발표 및 마무리(9분)	30분	P.61
	• **걸림돌 없애기** – 프로그램 설명(5분) – 걸림돌 없애기 활동(25분)	15분	
마무리	• **분대대표 2명이상 활동을 통해 느낀 점 발표(12분)** • **마무리(3분)**	15분	

2회 : 자기개방 및 전우에 대한 이해1

목표	• 자신을 자연스럽게 개방하면서 편안하고 친숙한 느낌을 가지게 한다. • 자신의 지난 삶을 되돌아보며 자기 자신에 대한 이해를 돕는다. • 누구나 어려운 일이 있었다는 동질감을 가지게 한다.		
과정	**활동 내용**	**시간(분)**	**참고 페이지**
도입	• **2회의 활동목표와 활동내용 설명**	5분	
전개	• **이야기 털어놓기** – 이야기 털어놓기 활동지 작성 및 수거(10분) – 활동지 주인공 알아맞히기(35분)	45분	P.73
	• **잊혀지지 않는 일** – 행복했던 순간과 힘들었던 순간 그리기(15분) – 분대별로 힘들었던 순간 발표하기(20분) – 분대별로 행복했던 순간 발표하기(17분) – 전체 종합하기(15분)	67분	P.106
마무리	• **마무리**	3분	

3회 : 자기개방 및 전우에 대한 이해2

목표	• 소대원들에게 가족을 소개하면서 서로를 더 깊이 이해할 수 있다. • 가족 내 자신의 모습을 돌아볼 수 있다. • 가족 구성원간의 관계 및 심리를 이해할 수 있다.		
과정	**활동 내용**	**시간 (분)**	**참고 페이지**
도입	• **3회의 활동목표와 활동내용 설명**	5분	
전개	• **가족을 소개합니다** – 구성원 떠올려보기 및 가족화 그리기(15분) – 그림 공백에 질문의 답 적어보기(5분) – 분대별로 가족화 그림 설명하기(40분) – 전체 분대활동 나누기(15분) – 우리 가족은 활동지 작성하기(10분) – 분대별로 활동지 작성내용 나누기(15분)	100분	P.139
마무리	• **분대 대표 1~2명이 3회의 활동을 통해 느낀 점 발표(12분)** • **마무리(3분)**	3분	

4회 : 자신의 전우관계 이해

<table>
<tr><td>목표</td><td colspan="3">• 타인에게 자기 모습이 어떻게 비춰지는지에 대해 알 수 있다.
• 자신의 전우관계를 이해할 수 있다.
• 관계 개선을 위해 내가 먼저 바뀌어야 함을 안다.
• 전우관계를 개선하기 위한 방법을 찾을 수 있다.</td></tr>
<tr><th>과정</th><th>활동 내용</th><th>시간
(분)</th><th>참고
페이지</th></tr>
<tr><td>도입</td><td>• 4회의 활동목표와 활동내용 설명</td><td>5분</td><td></td></tr>
<tr><td rowspan="2">전개</td><td>• 거울을 보아요
– 거울 들여다보기(5분)
– 지도자 질문에 대한 답 적어보기(10분)
– 3명씩 조 구성(3분)
– 느낀 점 나누기(12분)</td><td>30분</td><td>P.75</td></tr>
<tr><td>• 분대원 관계지도 그리기
– 관계지도에 분대원 표시하기(5분)
– 형용사로 표현하기(5분)
– 선호도 표시 및 이유 설명(10분)
– 6명씩 분대원 관계지도 발표하기(30분)
– 관계지도 조별로 한 곳에 모아 살펴보기(5분)
– 분대원들과의 관계 개선방향에 대해 생각(5분)
– 개선방향 적어보기(5분)
– 개선방향에 대한 설명 및 소감나누기(15분)</td><td>80분</td><td>P.142</td></tr>
<tr><td>마무리</td><td>• 마무리</td><td>5분</td><td></td></tr>
</table>

5회 : 진정한 전우에 대한 회고

목표	• 전우관계는 서로 돕고 의지하는 관계라는 점을 알 수 있다. • 관계 개선을 위해 내가 먼저 바뀌어야 함을 안다. • 협동 활동을 통해 친밀감과 응집력이 향상된다.		
과정	**활동 내용**	**시간(분)**	**참고 페이지**
도입	• **5회의 활동목표와 활동내용 설명**	5분	
전개	• **진정한 전우 역할극** – 진정한 전우 모습에 대한 명상(5분) – 진정한 전우의 모습에 대해 각자 적어보기(5분) – 적은 내용을 분대별로 발표하기(15분) – 역할극 안내 및 시나리오 작성(10분) – 역할극 연습 및 준비(30분) – 역할극 실시(30분)	95분	P.205
마무리	• **분대별 3명씩 전체 활동 소감 발표하기(15분)** • **마무리(3분)**	20분	

6회 : 전우관계 개선 방법 및 마무리

목표	• 전우관계 향상을 위한 행동지침을 설정하여 실천의지를 다진다. • 전우들 간의 긍정적인 피드백을 통해 지지적인 관계를 형성할 수 있다. • 전우관계에서의 바람직한 피드백 방법을 익히고 활용할 수 있다.		
과정	**활동 내용**	**시간(분)**	**참고 페이지**
도입	• **6회의 활동목표와 활동내용 설명**	3분	
전개	• **전우관계 향상 행동 지침** – 소그룹 구성(4분) – 친해지고 싶은 vs 멀리하고 싶은 전우의 행동특성 브레인스토밍(10분) – 행동특성 자료 종합(10분) – 전우관계 행동분석 활동용지 작성(10분) – 전우관계 향상을 위한 행동지침서 만들기(5분) – 소그룹별 작성이유 설명 및 행동지침서 낭독(15분) – 활동 마무리(3분)	57분	P.144
	• **긍정의 피드백 카드** – 피드백 카드 분배 및 작성요령설명(5분) – 피드백 카드 작성하기(20분) – 피드백 카드 낭독 및 참여 소감 발표(30분)	55분	P.212
마무리	• **지도자 소감 발표 및 마무리**	5분	

3장

활기찬 부대생활을 위한 프로그램

1. 주제의 구성

이 주제는 원활한 의사소통 기술을 익히고 문제해결 능력을 향상시킴으로써 활기찬 군 생활을 할 수 있도록 하기 위해 구성되었다. 군 생활 적응에서 가장 중요한 부분은 대인관계라고 해도 과언이 아니다. 이러한 대인관계의 전제 조건이 되는 것이 바로 의사소통이다. 의사소통이란 그야 말로 통하는 대화이다. 대화가 통하려면 우선, 서로에 대한 존중과 신뢰가 기본 전제가 되어야 한다. 계급문화라고 하지만 서로에 대한 인간적인 존중과 믿음이 없다면 아무리 듣기 좋은 말을 한다 해도 상대방은 진심으로 느껴지지 않기 때문에 받아들이기 힘들고, 서로 상호작용하는 소통이 되기는 어렵다. 따라서 전우들 간에 존중과 신뢰가 형성될 수 있도록 할 필요가 있다. 또한 대화방법도 중요하다. 마음이 있다 하더라도 표현방법을 모르거나 서툴러서 불필요한 오해가 생긴다. 이를 막고 원활한 대화가 되려면 의사소통 기술 습득도 중요하다. 이러한 맥락에서 이 주제는 전우들 간에 서로 존중과 신뢰를 쌓도록 하고, 원활한 의사소통 기술 학습에 초점을 맞추었다. 게임과 간단한 활동의 체험을 통해 의사소통의 중요성을 깨닫도록 하고, 협동해서 문제를 해결해 봄으로써 전우들 간의 친화력 향상에 도움이 되도록 하였으며 공감훈련과 바람직한 대화기술을 익힐 수 있는 개별 프로그램들로 구성하였다.

이 주제의 세부적인 프로그램 구성은 표5와 같다.

표5. 활기찬 부대생활을 위한 프로그램 구성

단 계	회	소 주 제	개별 프로그램
도입	1회	**자기소개 및 프로그램 동기화**	• 별칭지어 소개하기 • 집단규칙 • 친밀감 형성을 돕는 게임 : 빨리 해결하세요 • 상대방이 되어 봅시다.
전개	2회	**의사소통의 중요성**	• 언어전달 그림전달 • 통하는 대화
	3회	**공감표현 연습**	• 온 몸과 온 마음으로 • 김일병 상담하기
	4회	**전우에게 다가가기**	• 가족사진 찍기
마무리	5회	**전우와 함께하기**	• 함께하는 신체 활동 • 부대광고 제작
	6회	**전우 지지해주기**	• 힘나는 말 주고받기 • 행복한 터널 통과

2. 프로그램의 실제

1회 : 자기소개 및 프로그램 동기화

목표	• 전체 프로그램에 대한 이해와 프로그램의 필요성을 인식시킨다. • 집단원간의 친밀감을 형성하도록 한다. • 상대방의 이야기를 경청하는 훈련이 된다.		
과정	**활동 내용**	**시간(분)**	**참고 페이지**
도입	• **전체 프로그램에 대해 간략하게 소개** – 프로그램의 목적 및 기대효과들을 중심으로 소개한다.	5분	
전개	• **별칭지어 소개하기** – 별칭짓기(5분) – 소개하기(20분)	25분	P.48
	• **집단규칙** – 집단규칙 낭독 및 서명하기(2분)	2분	P.53
	• **친밀감 형성을 돕는 게임 활동 : 빨리 해결하세요** – 소집단 구성(3분) – 게임과정 설명(5분) – 게임 활동(15분) – 정답 설명 및 채점, 종합(5분) – 소집단별 1명씩 활동소감 발표(10분)	38분	P.63
	• **상대방이 되어 봅시다** – 짝 정하기(2분) – 기록지 작성(5분) – 서로 소개하기(6분) – 소그룹별로 상대방 되어 소개하기(20분) – 소감 청취 및 활동 마무리(7분)	40분	P.70
마무리	• **7자로 활동소감 말하기(8분)** • **마무리(2분)**	10분	

2회 : 의사소통의 중요성

목표	• 의사소통의 중요성을 깨닫는다. • 의도없는 말도 감정에 영향을 줄 수 있다는 것을 체험한다. • 의사소통에서 긍정적인 언어 선택을 할 수 있다.		
과정	**활동 내용**	**시간(분)**	**참고 페이지**
도입	• **2회의 활동목표와 활동내용 설명**	5분	
전개	• **언어전달 그림전달** – 조 만들기(5분) – 언어 전달쪽지 보여주기 및 전달활동(15분) – 소감 및 활동 마무리(5분) – 지원자선정 및 그림보여주기(5분) – 그림 전달 활동(10분) – 설명자 및 그리는 사람 소감 및 활동 마무리(5분)	45분	P.152
	• **통하는 대화** – 짝 찾기 및 게임요령 설명(5분) – 상호 비난 세례(5분) – 상호 칭찬 세례(5분) – 소감 나누기 및 활동 마무리(10분) – 짝 바꾸기 및 게임요령 설명(5분) – 상호 일방통행 대화하기(10분) – 상호 쌍방통행 대화하기(10분) – 소감 나누기 및 활동 마무리(15분)	65분	P.155
마무리	• **마무리**	5분	

3회 : 공감표현 연습

<table>
<tr><td>목표</td><td colspan="3">• 경청 및 공감의 중요성을 깨달을 수 있다.
• 경청의 구체적인 태도 및 행동을 체득한다.
• 다른 사람의 심정을 이해하고 공감능력을 향상시킨다.</td></tr>
<tr><th>과정</th><th>활동 내용</th><th>시간
(분)</th><th>참고
페이지</th></tr>
<tr><td>도입</td><td>• 3회의 활동목표와 활동내용 설명</td><td>3분</td><td></td></tr>
<tr><td rowspan="2">전개</td><td>• 온 몸과 온 마음으로
– 짝 찾기 및 활동설명(5분)
– 활동 용지1 활동(6분)
– 짝 바꾸기(3분)
– 활동 용지2 활동(6분)
– 소감 나누기(5분)
– 소그룹별 이야기 하고 싶은 VS 하기 싫은 사람 특징 토의(5분)
– 그룹별 발표 및 표현(15분)
– 지도자 멘트(5분)
– 짝 바꾸기(3분)
– 활동 용지3 활동(6분)
– 활동 마무리(3분)</td><td>62분</td><td>P.163</td></tr>
<tr><td>• 김일병 상담하기
– 3인 1조 구성 및 역할분담(5분)
– 상담역할 및 소감나누기(10분)
– 역할 바꾸어 실시 및 소감 나누기(20분)
– 전체 각조 1인 소감 나누기(15분)</td><td>50분</td><td>P.171</td></tr>
<tr><td>마무리</td><td>• 마무리</td><td>5분</td><td></td></tr>
</table>

4회 : 전우에게 다가가기

과정	활동 내용	시간(분)	참고 페이지
목표	• 가족 안에서의 자신을 이해할 수 있도록 해 준다. • 가족 내 갈등에 대해 이야기하고 해결방향을 모색할 수 있다. • 자신의 가족관계를 전우들에게 자연스럽게 개방한다. • 전우 가족에 대해 알게 됨으로써 전우에 대한 이해가 더욱 깊어진다.		
도입	• **4회의 활동목표와 활동내용 설명**	5분	
전개	• **가족사진 찍기** – 음악을 들으며 가족 떠올리기(5분) – 활동설명 및 가족사진 찍기 원하는 사람 지원(5분) – 가족 구성원 선정 및 포즈설명(10분) – 사진 찍기 및 소감 나누기(15분) – 2명 정도의 지원자 사진 찍기 활동 반복(30분) – 가족에게 편지쓰기(10분) – 분대별로 편지를 쓰게 된 동기 설명 및 소감(30분)	100분	P.119
마무리	• **분대 대표 1인씩 소감 발표하기(10분)** • **마무리(5분)**	15분	

5회 : 전우와 함께 하기

목표	• 전우관계는 서로 돕고 의지하는 관계라는 점을 알 수 있다. • 협동 활동을 통해 결속력을 강화할 수 있다. • 전우들과 서로 의견공유 및 협동 활동을 통해 신속한 문제해결 능력을 기른다.		
과정	**활동 내용**	**시간(분)**	**참고 페이지**
도입	• **5회의 활동목표와 활동내용 설명**	5분	
전개	• **함께 하는 신체 활동** – '반전하기' 활동에 대한 설명 및 활동(10분) – '빨래 널기' 설명, 분대별 활동(5분) – '빨래 널기' 소대 활동(5분) – '도미노' 설명 및 분대별 실시(5분) – '도미노' 소대 활동(5분) – 분대별 1명 이상 소감나누기(10분)	40분	P.199
	• **부대광고 제작** – 부대광고 활동설명 및 분대별 시나리오 구성(15분) – 분대별 연습 및 준비(20분) – 1개 분대별 광고 시연 및 활동소감 발표(7분) – 나머지 분대 시연 및 활동소감 발표(15분)	57분	P.201
마무리	• **분대별 1명씩 전체 활동 소감 발표하기(15분)** • **마무리(3분)**	18분	

6회 : 전우 지지해 주기

과정	활동 내용	시간(분)	참고 페이지
목표	• 자신과 전우들의 중요한 욕구를 자각할 수 있다. • 전우들의 지지적인 분위기를 체험을 통해 더욱 친밀한 관계를 형성할 수 있다. • 전우들을 돕는 더 바람직한 피드백 방향을 알 수 있다.		
도입	• **6회의 활동목표와 활동내용 설명**	5분	
전개	• **힘나는 말 주고받기** – 힘나게 하는 말 생각해보기(5분) – 한마디 말 3번 해주기 소감 발표(3분) – 차례대로 반복(49분) – 활동 마무리(3분)	60분	P.214
	• **행복한 터널 통과** – 두 줄로 터널 만들기(5분) – 행복을 전해주는 한마디 터널 통과(10분) – 행복을 전해주는 비언어적 행동 터널 통과(10분)	25분	P.226
마무리	• **전체 프로그램 회고 및 정리(5분)** • **분대별 3명씩 전체 프로그램 활동 소감 나누기(20분)** • **지도자 소감 발표 및 마무리(5분)**	30분	

4장

전역 연계를 위한 프로그램

1. 주제의 구성

군복무를 안정적으로 하기 위해서는 현재에 당면한 군 생활 및 맡겨진 업무에 익숙해 질 수 있도록 하여야 한다. 하지만 장병들 개개인의 입장을 살펴보면 발달단계로는 청년기로 대부분 학업중이거나 직업인으로서의 역할을 하다가 군에 왔다. 따라서 군 복무가 끝나면 다시 중단했던 학업장면이나 직업전선에 복귀하거나, 새롭게 개척해야 한다. 따라서 장병들은 군 복무기간에도 자신의 진로에 대해서 지속적으로 갈등하고 불안정감을 느낀다. 이러한 진로에 대한 고민을 무시하고 현재 당면한 군 생활만을 강조할 경우, 미래에 대한 불안감이 심해지고 군복무에 대해서도 반감이나 이질감을 더욱 많이 느끼게 할 것이다. 따라서 장병들에게 자신의 진로나 미래에 대해 생각해 보고 현재의 군 생활에서 진로에 대해 준비할 수 있는 부분을 찾아볼 수 있는 기회를 주고자 설계하였다. 군 생활동안 여가시간을 활용하여 자기개발을 할 수 있다면 장병 개인적으로도 성장하게 될 것이고 또한 군 생활에도 의욕적이 될 것이다.

이 주제는 전역 이후의 삶과 진로에 대해 구상해 봄으로써 군 생활동안의 목표를 설정하고 실천할 수 있도록 도와 보람된 군 생활을 영위하도록 하는 것이다. 따라서 이 주제는 자신의 과거와 현재의 삶을 되돌아보고, 미래의 삶에서 중요하게 여기는 가치나 직업 및 대인관계 영역 등에 대한 계획을 세워볼 수 있도록 하는 프로그램들을 중심으로 하였다. 또한 미래 계획에 대해 더 생생하고 구체적으로 그려보도록 하는데 초점을 두었으며, 이에 따라 현재 할 수 있는 일들을 찾아보고 전우들이 이에 대해 지지하는 분위기를 형성하여 군 생활간 실천의지를 다지도록 하였다.

이 주제의 세부적인 프로그램 구성은 표6과 같다.

표6. 전역 연계를 위한 프로그램 구성

단 계	회	소 주 제	개별 프로그램
도입	1회	**자기소개 친밀감 형성 프로그램 동기화**	• 별칭지어 소개하기 • 집단규칙 • 서로에게 관심을 • 영향을 미친 인물
전개	2회	**나의 삶 살펴보기**	• 3차원의 나
	3회	**나의 특성 이해**	• 가치관 경매 • 나에게 어울리는 직업
	4회	**나의 미래 설계**	• 유언 남기기 • 생애설계
마무리	5회	**미래의 내 모습 강화**	• 미래모습 인터뷰
	6회	**실천의지 다지기**	• 장점 드높이기 • 나는

2. 프로그램의 실제

1회 : 자기소개 및 프로그램 동기화

목표	• 전체 프로그램에 대한 이해와 프로그램의 필요성을 인식시킨다. • 집단원간의 친밀감을 형성하도록 한다. • 자아 탐색의 시간을 갖는다.		
과정	**활동 내용**	**시간 (분)**	**참고 페이지**
도입	• **전체 프로그램에 대해 간략하게 소개** – 프로그램의 목적 및 기대효과들을 중심으로 소개	5분	
전개	• **별칭지어 소개하기** – 별칭 짓기(5분) – 소개하기(20분)	25분	P.48
	• **집단규칙** – 집단규칙 낭독 및 서명하기(2분)	2분	P.53
	• **서로에게 관심을** – 원 만들기 및 게임 설명(5분) – 15명 정도 알아맞히기를 한다(20분) – 게임 활동 마무리(3분)	28분	P.65
	• **영향을 미친 인물** – 영향을 미친 인물 멘트(5분) – 영향을 미친 인물 활동지 작성(10분) – 소그룹별 발표하기(30분) – 소그룹별 한 명씩 활동요약 발표(10분)	55분	P.136
마무리	• **마무리**	5분	

2회 : 나의 삶 살펴보기

목표	• 자신의 지난 삶을 되돌아보고 현재 삶의 모습을 안다. • 자신의 중요 욕구를 파악할 수 있다. • 미래의 삶의 방향을 구상해 볼 수 있다.		
과정	**활동 내용**	**시간 (분)**	**참고 페이지**
도입	• **2회의 활동목표와 활동내용 설명**	5분	
전개	• **3차원의 나** – 몸 이완 동작(5분) – 과거, 현재, 미래에 대한 명상(5분) – 잡지나 신문을 통한 표현(40분) – 소그룹 정하기(5분) – 소그룹 발표하기(37분) – 활동 마무리(3분)	95분	P.95
마무리	• **전체가 모여서 그룹별로 1명씩 그룹 내용 요약 발표(17분)** • **마무리(3분)**	20분	

3회 : 나의 미래 직업

<table>
<tr><td>목표</td><td colspan="3">• 자신의 중요한 가치관을 인식하고 가치 실현을 위한 의지를 내면화한다.
• 개인마다 가치관이 다름을 이해할 수 있다.
• 자신에게 어울리는 직업을 찾을 수 있다.</td></tr>
<tr><th>과정</th><th>활동 내용</th><th>시간
(분)</th><th>참고
페이지</th></tr>
<tr><td>도입</td><td>• 3회의 활동목표와 활동내용 설명</td><td>5분</td><td></td></tr>
<tr><td rowspan="2">전개</td><td>• 가치관 경매
– 가치관 경매 설명(3분)
– 가치관 목록 검토(3분)
– 가치관 경매(40분)
– 소감 나누기(14분)</td><td>60분</td><td>P.98</td></tr>
<tr><td>• 나에게 어울리는 직업
– 군 생활 이후 명상(5분)
– 나의 적성과 흥미 활동지 작성(5분)
– 직업 선택에서의 고려 사항들 (20분)
– 나의 직업은(5분)
– 4-5명 발표(15분)</td><td>50분</td><td>P.194</td></tr>
<tr><td>마무리</td><td>• 마무리</td><td>5분</td><td></td></tr>
</table>

4회 : 나의 미래 설계

목표	• 자신의 생활을 점검하고 정리해 볼 수 있다. • 생애 목표를 분명히하고 자신의 진로를 구체화 할 수 있다. • 미래와의 연결성을 인식하고 현재 자신이 할 수 있는 일을 자각하게 한다.		
과정	**활동 내용**	**시간 (분)**	**참고 페이지**
도입	• **4회의 활동목표와 활동내용 설명**	5분	
전개	• **유언 남기기** – 활동 설명(5분) – 유언장 작성(10분) – 분대별 유언장 낭독하기(20분) – 전체가 모여서 분대별 2명이상 소감 발표(15분)	50분	P.190
	• **생애 설계** – 몸 이완 동작(3분) – 미래에 대한 명상 및 생각의 시간(7분) – 미래설계 활동 용지 작성(10분) – 분대별로 10년 후 위주로 발표하기(15분) – 꿈을 이루기 위한 시간계획 세우기(10분) – 분대별 발표 및 피드백(15분)	60분	P.185
마무리	• **마무리**	5분	

5회 : 미래의 내 모습 강화

목표	• 미래 자신의 모습을 더 생동감 있게 그릴 수 있다. • 전우들 앞에서 '공언'을 통해 미래 계획을 이루고자 다짐한다.		
과정	**활동 내용**	**시간(분)**	**참고 페이지**
도입	• **5회의 활동목표와 활동내용 설명**	5분	
전개	• **미래 모습 인터뷰** – 30년 후 모습 떠올리기(5분) – 활동용지 작성(10분) – 짝 찾기(5분) – 서로 자신의 30년 후 모습 이야기 및 인터뷰 연습(10분) – 분대별로 인터뷰 시연하기(30분) – 전체 앞에서 분대별 1팀씩 시연(30분) – 짝에게 편지쓰기 및 교환(10분)	100분	P.180
마무리	• **분대 대표 1인씩 소감을 발표(10분)** • **마무리(5분)**	15분	

6회 : 실천의지 다지기

목표	• 자신의 장점에 대한 재인식의 기회가 된다. • 자신과 전우의 장점을 찾아주면서 긍정적인 관점이 개발된다. • 지지를 통해 기분이 고양되고 일상에서도 지지하는 분위기가 형성된다.		
과정	**활동 내용**	**시간(분)**	**참고 페이지**
도입	• **6회의 활동목표와 활동내용 설명**	5분	
전개	• **장점 드높이기** – 색지에 자신의 장점 5개 쓰기(10분) – 소그룹별 장점 보충해서 적기(15분) – 전체에게 자신의 장점 발표하기(50분)	75분	P.218
마무리	• **나는** – 소감문 작성(5분) – 짝과 소감문 교환 및 교환한 소감문 낭독(30분) • **마무리(5분)**	40분	P.220